PETIT
COURS DE LATINITÉ,
CLASSES DE 9ᵉˢ, 8ᵉˢ.

Comptes faits, de

COURS DE LA BOURSE.	1re.		2e.		3e.		4e.		5e.	
	Rente.	Capital.	Rente.	Capital.	Rente.	Capital.	Rente.	Capital.	Rente.	Capital.
	3100	62000	3200	64000	3300	66000	3400	68000	3500	70000
	CAPITAL que produit le cours.		CAPITAL que produit le cours.		CAPITAL que produit le cours.		CAPITAL que produit le cours.		CAPITAL que produit le cours.	
80 5	49631	»	51232	»	52833	»	54434	»	56035	»
10	62	»	64	»	66	»	68	»	70	»
15	93	»	96	»	99	»	102	»	105	»
20	724	»	328	»	932	»	36	»	40	»
25	55	»	60	»	65	»	70	»	75	»
30	86	»	92	»	98	»	604	»	210	»
35	817	»	424	»	53031	»	38	»	45	»
40	48	»	56	»	64	»	72	»	80	»
45	70	»	88	»						

PETIT
COURS DE LATINITÉ,

A L'USAGE DES CLASSES ÉLÉMENTAIRES

(9mo ET 8me),

Contenant les principales règles de la grammaire latine, suivies d'exercices en forme de thèmes et de versions, et de deux Vocabulaires français-latin et latin-français;

PAR M. J^H. CHANALET-VALPÈTRE,

CHEF D'INSTITUTION, MEMBRE DE LA SOCIÉTÉ GRAMMATICALE DE PARIS.

PARIS,

DE L'IMPRIMERIE D'A. DELALAIN,

LIBRAIRE-ÉDITEUR, rue des Mathurins-Saint-Jacques, n°. 5.

1828.

MANUEL LATIN.

INTRODUCTION.

DÉFINITION DES PARTIES DU DISCOURS.

Il y a en latin neuf sortes de mots ou parties du discours, savoir :— Le *substantif*, — l'*adjectif*, — le *pronom*, — le *verbe*, — le *participe*, — l'*adverbe*, — la *préposition*, — la *conjonction*, — et l'*interjection*.

Le substantif est un mot qui exprime le nom d'une personne ou d'une chose, soit que celle-ci frappe nos sens, ou qu'elle n'existe que dans la pensée. Exemples : *Deus*, Dieu ; *Carolus*, Charles ; *Roma*, Rome ; *arbor*, l'arbre ; *lex*, la loi ; *veritas*, la vérité ; *studium*, l'étude ; etc.

L'adjectif exprime la qualité, la manière d'être des substantifs, c'est-à-dire des personnes ou des choses. Exemples : *Sanctus*, saint ; *bonus*, bon ; *sancta*, sainte ; *bona*, bonne ; *prudens*, prudent ; *fortis*, fort ; etc.

Le pronom est un mot qu'on emploie à la place des substantifs, pour en éviter la répétition. Exemples : *Ego*, je ; *tu*, tu ou toi ; *ille*, *illa*, lui, elle ; *nos*, nous ; *vos*, vous ; etc.

Le verbe exprime soit un état, comme *esse*, être ; *adesse*, être présent ; *stare*, être debout ; soit une action faite par le sujet, et alors il est dit verbe actif, comme *arare*, labourer ; *docere*, enseigner ; *ponere*, placer ; *munire*, fortifier ; soit une action reçue par le sujet, et alors il est dit verbe passif, comme *verberari*, être frappé ; *terreri*, être effrayé ; *duci*, être conduit ; *nutriri*, être nourri.

Le participe n'est qu'un adjectif-verbal. Il est adjectif en ce qu'il exprime une qualité, une manière d'être ; et il s'appelle verbal, parce qu'il fait partie du verbe, et qu'il en a la signification et le régime. Exemples : *Amans*, aimant ; *legens*, lisant ; *amatus*, aimé ; *amata*, aimée ; *moniturus*, devant avertir ; *legendus*, devant être lu ; etc.

L'adverbe est une expression employée pour modifier la signification du verbe ou de l'adjectif : comme il est plus souvent joint au verbe qu'à l'adjectif, c'est du premier qu'on en a formé le nom. Exemple : *Justè*, justement ; *fortiter*, courageusement ; *valdè*, beaucoup, très, grandement : comme *agere justè*, agir justement ; *pugnare fortiter*, combattre courageusement ; *valdè amatus*, beaucoup aimé ; etc.

La préposition sert à établir le rapport que les personnes ou les choses ont entre elles. Exemples : *In* horto, dans le jardin ; redire *ex* urbe, revenir de la ville ; *per* hiemem, pendant l'hiver ; etc.

La conjonction sert à joindre les mots de la même espèce qui se suivent, ou les parties de phrases entre elles. Exemples : Pater *et* mater, le père et la mère ; labor *vel* ludus, le travail ou le jeu ; magnus *sed* piger, grand mais paresseux ; etc.

L'interjection est un mot qui exprime une sensation, une passion, un mouvement de l'âme. Exemples : *Heu !* hélas ! *væ !* malheur, malédiction ! *proh !* oh ! etc.

De ces neuf sortes de mots, les quatre dernières sont indéclinables, c'est-à-dire ne varient jamais dans leur forme respective ; l'adverbe peut cependant changer de forme, ainsi qu'on le verra par la suite.

Les cinq autres, au contraire, sont déclinables, c'est-à-dire changent de forme selon que les substantifs, les adjectifs et les pronoms sont au singulier ou au pluriel ; du genre masculin ou du genre féminin ; à un cas plutôt qu'à un autre ; et les verbes à certains temps, à certaines personnes, etc.

Le *singulier* exprime l'unité dans les substantifs, les adjectifs et les pronoms ; et dans les verbes, il indique qu'une seule personne, un seul sujet fait l'action ou la reçoit. Le *pluriel*, au contraire, exprime la pluralité dans les substantifs, et indique que l'action des verbes est faite ou reçue par plusieurs personnes ou sujets. Exemples : *Rosa*, une rose ; *labor utilis*, le travail utile, etc., sont au singulier : *rosæ*, les roses ; *labores utiles*, les travaux utiles, etc., sont au pluriel.

En latin il y a trois genres, le *masculin*, le *féminin* et le *neutre*. Ce dernier, qui n'existe pas en français, est particulier aux substantifs qui ne sont ni masculins, ni féminins. Il est à remarquer que le genre des mots latins n'est pas déterminé par celui des mots français correspondans ; que souvent le substantif qui est du masculin en français, est du féminin en latin, et *vice versâ*. Ainsi *corvus*, le corbeau ; *poeta*, le poète ; *labor*, le travail, sont du genre masculin : *natura*, la nature ; *veritas*, la vérité ; *lex*, la loi, sont du genre féminin ; et *bellum*, la guerre ; *vinum*, le vin ; *olus*, le légume, sont du genre neutre.

On appelle *cas* les différentes circonstances dans lesquelles se trouvent les substantifs, ce qui constitue la terminaison particulière à chaque cas. Il y en a six, tant au singulier qu'au pluriel, savoir : le *Nominatif*, qui indique que le substantif exprime seulement le nom d'une personne ou d'une chose : ce mot vient de *nominare*, nommer. (Supin *nominatum*.)

Le *Génitif*, qui indique que le substantif est déterminé ou produit par un autre substantif : ce mot vient de *gignere*, engendrer, produire. (Supin *genitum*.)

Le *Datif*, qui indique que le substantif reçoit quelque chose qui lui est apporté, procuré, donné : ce mot vient de *dare*, donner. (Supin *datum*.)

L'*Accusatif*, qui indique qu'une action, une accusation est portée directement sur le substantif : ce mot vient de *accusare*, accuser. (Supin *accusatum*.)

Le *Vocatif*, qui indique que la personne ou la chose exprimée par le substantif est invitée à prêter son attention, est appelée : ce mot vient de *vocare*, appeler. (Supin *vocatum*.)

L'*Ablatif*, qui indique qu'un objet ou une action s'éloigne du substantif, ou lui est ôté : ce mot vient de *auferre*, ôter. (Supin *ablatum*.)

Il y a cinq déclinaisons pour les substantifs, et trois pour les adjectifs. On les distingue par le génitif singulier et le génitif pluriel, dont la désinence est le caractère distinctif.

Chaque mot déclinable est composé de deux parties distinctes, le *radical* qui reste toujours le même dans tous les *cas*, et la *désinence* qui varie selon le cas ou le nombre du mot. Ainsi le substantif *rosa* qui peut, selon qu'il est à un cas ou à un nombre plutôt qu'à un autre cas ou à un autre nombre, prendre les formes suivantes : *rosæ*, *rosam*, *rosâ*, *rosarum*, *rosis*, et *rosas*, a pour radical les trois premières lettres *ros*, et pour désinences les terminaisons *æ*, *am*, *â*, *arum*, *is* et *as* : le radical et la désinence étant à dessein marqués dans chaque modèle de déclinaison, ce qui vient d'être dit doit être suffisant.

PREMIÈRE PARTIE.

DÉCLINAISONS ET CONJUGAISONS.

CHAPITRE PREMIER. — *Déclinaisons des Substantifs.*

§ I. — Ire *Déclinaison.*

La première déclinaison a, 1°. des noms réguliers dont le nominatif singulier est en *a* et le génitif en *æ*; 2°. des noms irréguliers dont le nominatif est en *as*, le génitif en *æ*; 3°. des noms dont le nominatif est en *es*, le génitif en *æ*; 4°. des noms dont le nominatif est en *e*, le génitif en *es*. Généralement, à quelques exceptions près, que l'usage fera connaître, la première déclinaison a le génitif singulier terminé par *æ*, et le génitif pluriel terminé par *arum*, et tous les noms qui en font partie se déclinent sur les quatre modèles suivans.

Ier *Modèle de la première déclinaison (régulière).*

Rosa. f. singulier.			*Rosæ.* f. pluriel.		
Nominatif.	Ros a,	*la rose.*	Nominatif.	Ros æ,	*les roses.*
Génitif.	Ros æ,	*de la rose.*	Génitif.	Ros arum,	*des roses.*
Datif.	Ros æ,	*à la rose.*	Datif.	Ros is,	*aux roses.*
Accusatif.	Ros am,	*la rose.*	Accusatif.	Ros as,	*les roses.*
Vocatif. ô	Ros a,	*ô rose.*	Vocatif. ô	Ros æ,	*ô roses.*
Ablatif.	Ros â,	*de ou par la rose.*	Ablatif.	Ros is,	*des ou par les roses*

L'élève doit apprendre par cœur ce modèle ainsi que les substantifs suivans qu'il déclinera et écrira dans tous les cas et selon la forme ci-dessus.

Noms à décliner sur le premier modèle.

Substantifs masculins.

Poeta, *le poète.*
Nauta, *le matelot.*
Pirata, *le pirate.*
Verna, *l'esclave.* (Il est des deux genres.)
Scurra, *le bouffon.*
Conviva, *le convive.*
Auriga, *le cocher.* (Il est des deux genres.)
Parricida, *le parricide.* (Il est des deux genres.)

Substantifs féminins.

Causa, *la cause.*
Catena, *la chaîne.*

Substantifs féminins.

Camera, *la voûte.*
Arena, *le sable.*
Aqua, *l'eau.*
Cœna, *le souper.*
Copula, *le nœud.*
Fabula, *la fable.*
Gutta, *la goutte.*
Herba, *l'herbe.*
Ira, *la colère.*
Luna, *la lune.*
Macula, *la tache.*
Norma, *la règle.*
Palma, *le palmier.*
Rota, *la roue.*
Silva, *la forêt*, etc.

Substantifs qui n'ont que le pluriel.	Substantifs qui, pour être distingués des mots masculins qui leur sont opposés, ont le datif et l'ablatif pluriel en abus.
Cunæ, *les langes* ou *le berceau*.	
Illecebræ, *les charmes*.	
Minæ, *les menaces*.	
Nugæ, *les bagatelles*.	Anima, *l'âme*. animabus.
Palpebræ, *les paupières*.	Asina, *l'ânesse*.
Tenebræ, *les ténèbres*.	Dea, *la déesse*.
Thermæ, *les bains*.	Equa, *la jument*.
Nundinæ, *le marché*.	Famula, *la servante*.
Athenæ, *Athènes*.	Filia, *la fille*.
Versaliæ, *Versailles*.	Liberta, *l'affranchie*.
Syracusæ, *Syracuse*.	Mula, *la mule*.
Tricæ, *les cheveux*. etc.	Nata, *la fille*.
	Serva, *l'esclave*. etc.

REMARQUE. Les noms propres d'homme et de femme n'ont que le singulier. Les noms de ville qui ont le singulier n'ont pas le pluriel, et ceux qui ont la terminaison latine du pluriel n'ont pas de singulier.

IIe Modèle de la première déclinaison (irrégulière).

Æneas, m. singulier.

Nomi.	Æne as,	Énée.	Il n'y a qu'un très-petit nombre de noms à décliner sur ce modèle.
Géni.	Æne æ,	d'Énée.	
Dat.	Æne æ,	à Énée.	Boreas, *le vent du nord* (Borée).
Accus.	Æne an *ou* am,	Énée.	Tiaras, *la tiare* (bonnet).
Vocat. ô Æne a,		ô Énée.	Andreas, *André*.
Ablat.	Æne â.	d'Énée.	

Lorsque ces noms ainsi que ceux qui se rapportent aux modèles suivans ont un pluriel, ils se déclinent régulièrement sur *Rosæ*, gén. *Rosarum*.

IIIe Modèle de la première déclinaison (irrégulière).

Musice. f. singulier.

Nom.	Music e,	*la musique*.	Noms à décliner sur le 3e modèle.
Gén.	Music es,	*de la musique*.	Epitome, *l'abrégé*.
Dat.	Music æ,	*à la musique*.	Grammatice, *la grammaire*.
Acc.	Music en,	*la musique*.	Physice, *la physique*.
Voc. ô Music e,		ô *musique*.	Rhetorice, *la rhétorique*.
Abl.	Music e,	*de la musique*.	Cybele, *Cybèle* (déesse).
			Josue, *Josué* (homme).

Ces noms sont tirés du grec : quelques uns ont aussi la terminaison régulière, tels que *grammatice*, qui fait également *grammatica*; *physice*, qui fait aussi *physica*, etc.

IVe Modèle de la première déclinaison (irrégulière).

Cometes. m. singulier.

Nom.	Comet es,	*la comète*.	Noms à décliner sur le 4e modèle.
Gén.	Comet æ,	*de la comète*.	Alcides, *Alcide*, *Hercule*.
Dat.	Comet æ,	*à la comète*.	Geometres, *le géomètre*.
Acc.	Comet en,	*la comète*.	Pelides, *le fils de Pelée* (Achille).
Voc. ô Comet e,		ô *comète*.	Anagnostes, *le lecteur*.
Abl.	Comet e,	*de la comète*.	Promethides, *le fils de Prométhée* (Deucalion).

§ II. — DEUXIÈME DÉCLINAISON.

La deuxième déclinaison comprend des substantifs masculins, féminins et neutres, dont le nominatif singulier peut être terminé en *us*, *eus*, *ius*, *r* et *um*, et le génitif singulier en *i*; ceux en *eus*, qui viennent du grec, ont aussi le génitif en *eos*: d'autres ont le vocatif en *us*, et d'autres en *i*.

REMARQUE. Les noms neutres ont le nominatif, l'accusatif et le vocatif semblables, au singulier et au pluriel.

Ier *Modèle de la deuxième déclinaison (régulière)*.

	Dominus. m. singulier.			*Domini*. m. pluriel.	
N.	Domin us,	*le seigneur*.	N.	Domin i,	*les seigneurs*.
G.	Domin i,	*du seigneur*.	G.	Domin orum,	*des seigneurs*.
D.	Domin o,	*au seigneur*.	D.	Domin is,	*aux seigneurs*.
Ac.	Domin um,	*le seigneur*.	Ac.	Domin os,	*les seigneurs*.
V.	ô Domin e,	*ô seigneur*.	V.	ô Domin i,	*ô seigneurs*.
Ab.	Domin o,	*du seigneur*.	Ab.	Domin is,	*des seigneurs*.

Noms à décliner sur ce premier modèle.

Masculins.	*Masculins.*
Asinus, *l'âne*.	Murus, *le mur*.
Annus, *l'année*.	Nidus, *le nid*.
Avus, *l'aïeul*.	Numerus, *le nombre*.
Baculus, *le bâton*.	Nuntius, *le messager*.
Bajulus, *le porte-faix*.	Oculus, *l'œil*.
Calamus, *le roseau, la plume*.	Pagus, *le bourg*.
Camelus, *le chameau*.	Populus, *le peuple*.
Campus, *le champ*.	Puteus, *le puits*.
Cibus, *la nourriture*.	Radius, *le rayon*.
Digitus, *le doigt*.	Rivus, *le ruisseau*.
Dolus, *la ruse*.	*Féminins.*
Equus, *le cheval*.	Alvus, *le ventre*.
Fumus, *la fumée*.	Alnus, *l'aulne*.
Gallus, *le coq*.	Cedrus, *le cèdre*.
Gladius, *le glaive*.	Fagus, *le hêtre*.
Hortus, *le jardin*.	Ficus, *le figuier*.
Hircus, *le bouc*.	Laurus, *le laurier*.
Jocus, *le jeu*.	Malus, *le pommier*.
Ludus, *le jeu*.	Pampinus, *le pampre*.
Lupus, *le loup*.	Populus, *le peuplier*.
Modus, *la manière*.	Ulmus, *l'orme*.
Morbus, *la maladie*.	

IIe *modèle (irrégulière)*.

	Filius. m. singulier.			*Filii*. m. pluriel.	
N.	Fili us,	*le fils*.	N.	Fili i,	*les fils*.
G.	Fili i,	*du fils*.	G.	Fili orum,	*des fils*.
D.	Fili o,	*au fils*.	D.	Fili is,	*aux fils*.
Ac.	Fili um,	*le fils*.	Ac.	Fili os,	*les fils*.
V.	ô Fili,	*ô fils*.	V.	ô Fili i,	*ô fils*.
Ab.	Fili o,	*du fils*.	Ab.	Fili is,	*des fils*.

Il n'y a que les noms propres en *ius* qui se déclinent sur ce modèle, tels que : Antonius, *Antoine ;* génius, *génie ;* Horatius, *Horace ;* Virgilius, *Virgile,* etc.

IIIe Modèle (*irrégulière*).

Deus. m. singulier.

N. De us, *Dieu.*
G. De i, *de Dieu.*
D. De o, *à Dieu.*
Ac. De um, *Dieu.*
V. ô De us, *ô Dieu.*
Ab. De o, *de Dieu.*

Dii. m. pluriel.

N. Di i, ou Dî, *les Dieux.*
G. De orum, ou Deûm, *des Dieux.*
D. Di is, ou Dîs *aux Dieux.*
Ac. De os, *les Dieux.*
V. ô Di i, ou Dî, *ô Dieux.*
Ab. Di is, ou Dîs, *des Dieux.*

Pour le singulier seulement, déclinez : Agnus, *l'agneau ;* chorus, *le chœur ;* pinus, *le pin* (arbre).

IVe Modèle.

Orpheus. m. singulier.

N. Orph eus, *Orphée.*
G. Orph ei *ou* eos, *d'Orphée.*
D. Orph eo, *à Orphée.*
Ac. Orph eum, eon, ea, *Orphée.*
V. ô Orph eu, *ô Orphée.*
Ab. Orph eo, *d'Orphée.*

(Les noms propres d'hommes n'ont pas de pluriel).

Déclinez de même :

Morpheus, *Morphée.*
Perseus, *Persée.*
Theseus, *Thésée.*

Ve Modèle.

Puer. m. singulier.

N. Puer, *l'enfant.*
G. Puer i, *de l'enfant.*
D. Puer o, *à l'enfant.*
A. Puer um, *l'enfant.*
V. ô Puer, *ô enfant.*
Ab. Puer o, *de l'enfant.*

Pueri. m. pluriel.

N. Puer i, *les enfans.*
G. Puer orum, *des enfans.*
D. Puer is, *aux enfans.*
Ac. Puer os, *les enfans.*
V. ô Puer i, *ô enfans.*
Ab. Puer is, *des enfans.*

Noms à décliner sur ce modèle

Adulter, *l'adultère.*
Socer, *le beau-père.*
Vesper, *le soir.*
Vir, *l'homme.*

Pour former le génitif, ces quatre noms n'ajoutent qu'un *i* au génitif. Les suivans forment le génitif en supprimant la voyelle qui précède la consonne finale :

Liber, g. libri, *le livre.*
Ager, g. agri, *le champ.*

Aper, g. apri, *le sanglier.*
Culter, g. cultri, *le couteau.*
Caper, g. capri, *le bouc.*
Cancer, g. cancri, *le chancre.*
Auster, g. austri, *le vent du midi.*
Arbiter, g. arbitri, *l'arbitre.*
Coluber, g. colubri, *la couleuvre.*
Faber, g. fabri, *le forgeron.*
Magister, g. magistri, *le maître.*
Minister, g. ministri, *le ministre.*

VIe Modèle (*neutre régulière*).

Templum. n. singulier.

N. Templ um, *le temple.*
G. Templ i, *du temple.*
D. Templ o, *au temple.*
Ac. Templ um, *le temple.*
V. ô Templ um, *ô temple.*
Ab. Templ o, *du temple.*

Templa. n. pluriel.

N. Templ a, *les temples.*
G. Templ orum, *des temples.*
D. Templ is, *aux temples.*
Ac. Templ a, *les temples.*
V. ô Templ a, *ô temples.*
Ab. Templ is, *des temples.*

Noms à décliner sur le même modèle.

Antrum, *l'antre.*	Jugum, *le joug, le sommet.*
Argentum, *l'argent* (métal).	Lignum, *le bois.*
Auxilium, *le secours.*	Membrum, *le membre.*
Bellum, *la guerre.*	Monstrum, *le monstre.*
Brachium, *le bras.*	Negotium, *la chose, l'affaire.*
Castrum, *la forteresse.*	Odium, *la haine.*
Collum, *le cou.*	Otium, *le repos.*
Dolium, *le tonneau.*	Ovum, *l'œuf.*
Donum, *le don.*	Periculum, *le danger.*
Elementum, *l'élément.*	Præmium, *le prix, la récompense.*
Exemplum, *l'exemple.*	Pretium, *le prix, la valeur.*
Fanum, *le temple.*	Prælium, *le combat.*
Forum, *la place.*	Rastrum, *le râteau.*
Folium, *la feuille.*	Saxum, *le rocher.*
Gaudium, *la joie.*	Studium, *l'étude.*
Granum, *le grain.*	Telum, *le trait.*
Horreum, *le grenier.*	Verbum, *le mot.*

§ III. — TROISIÈME DÉCLINAISON.

La troisième déclinaison comprend des substantifs masculins, féminins et neutres, dont le nominatif singulier se termine de plusieurs manières, mais dont le génitif singulier est généralement en *is* et le génitif pluriel en *um* ou *ium* : le vocatif est semblable au nominatif.

Ier *Modèle.* Génitif singulier, *is*; pluriel, *um*.

Labor. m. singulier.			Labores. m. pluriel.		
N.	Labor,	*le travail.*	N.	Labor es,	*les travaux.*
G.	Labor is,	*du travail.*	G.	Labor um,	*des travaux.*
D.	Labor i,	*au travail.*	D.	Labor ibus,	*aux travaux.*
Ac.	Labor em,	*le travail.*	Ac.	Labor es,	*les travaux.*
V.	ô Labor,	*ô travail.*	V.	ô Labor es,	*ô travaux.*
Ab.	Labor e,	*du travail.*	Ab.	Labor ibus,	*des travaux.*

Noms à décliner sur ce premier modèle.

Amor, *l'amour.*	*Noms dont le génitif se forme en*
Auctor, *l'auteur.*	*changeant* s *en* tis.
Color, *la couleur.*	Aries, *g.* tis, *le bélier.*
Dolor, *la douleur.*	Mors, *la mort.*
Error, *l'erreur.*	Nepos, *le neveu.*
Fur, *le voleur.*	Paries, *la muraille.*
Liquor, *la liqueur.*	
Pastor, *le berger.*	*Noms dont le génitif se forme en*
Rumor, *le bruit.*	*changeant* x *en* cis, *ou en* icis,
Timor, *la crainte.*	*ou en* gis.
Canis, *le chien.*	Calix, *g.* cis, *le calice.*
Arbor, *l'arbre.*	Dux, *le chef.*
Soror, *la sœur.*	Grex, *le troupeau.*
Mulier, *la femme.*	Lex, *la loi.*
Uxor, *l'épouse.*	Rex, *le roi.*

Apex, *le sommet.*　　　　　Draco, *le dragon.*
Codex, *le cahier.*　　　　　Latro, *le voleur.*
Judex, *le juge.*　　　　　　Leo, *le lion.*
Sanguis, *g.* sanguinis, *le sang.*　Ratio, *la raison.*
　　Changez s *en* tis *pour le génitif.*　　*Changez* o *en* inis.
Abies, *le sapin.*　　　　　Cardo, *le gond.*
Ætas, *l'âge.*　　　　　　　Homo, *l'homme.*
Veritas, *la vérité.*　　　　Ordo, *l'ordre.*
Bonitas, *la bonté.*　　　　Cupido, *la passion.*
　　Ajoutez nis *pour le génitif.*　Imago, *l'image.*
Aquilo, *l'aquilon.*　　　　Virgo, *la vierge.*
Bubo, *le hibou.*　　　　　Grando, *la grêle.*
Carbo, *le charbon.*　　　　Formido, *la crainte.*

L'usage apprendra les autres formes du génitif singulier.

II.e *Modèle.* Génitif pluriel *ium.*

　　Avis. f. singulier.　　　　　Aves. f. pluriel.

N.　Av is,　*l'oiseau.*　　　N.　Av es,　*les oiseaux.*
G.　Av is,　*de l'oiseau.*　　G.　Av ium,　*des oiseaux.*
D.　Av i,　*à l'oiseau.*　　　D.　Av ibus,　*aux oiseaux.*
Ac. Av em, *l'oiseau.*　　　Ac. Av es,　*les oiseaux.*
V. ô Av is,　*ô oiseau.*　　　V. ô Av es,　*ô oiseaux.*
Ab. Av e,　*de l'oiseau.*　　Ab. Av ibus, *des oiseaux.*

Noms à décliner sur le deuxième modèle.

La terminaison du nominatif varie: celle du vocatif lui est semblable.

Amnis, *g.* is, *le fleuve.*　　Lux, *la lumière.*
Civis, *le citoyen.*　　　　　Pax, *la paix.*
Collis, *la colline.*　　　　　　*Changez* es *en* is.
Ensis, *l'épée.*　　　　　　　Cædes, *le carnage.*
Hostis, *l'ennemi.*　　　　　Clades, *la défaite.*
Ignis, *le feu.*　　　　　　　Nubes, *le nuage.*
Mensis, *le mois.*　　　　　Proles, *la race.*
Orbis, *le globe.*　　　　　　Rupes, *le rocher.*
Piscis, *le poisson.*　　　　Sedes, *la place.*
Testis, *le témoin.*　　　　Vulpes, *le renard.*
　　Changez s *en* tis.　　*Les noms suivans ont l'acc. en* im,
Cliens, *le client.*　　　　　　　　*l'abl. en* i.
Dens, *la dent.*　　　　　　Securis, *la hache.*
Dis, *le riche.*　　　　　　　Basis, *la base.*
Fons, *la fontaine.*　　　　Gummis, *la gomme.*
Mons, *la montagne.*　　　Pelvis, *le bassin.*
Ars, *l'art.*　　　　　　　　Sitis, *la soif.*
Cohors, *la cohorte.*　　　Tussis, *la toux.*
Cos, *la pierre à aiguiser.*　Vis, *la force;* plu. vires, *g.* virium.
Dos, *l'avantage.*　　　　　Neapolis, *Naples.*
Gens, *la nation.*　　　　　Constantinopolis, *Constantinople.*
　　Changez x *en* cis.　　*Les suivans ont l'ac. en* em *ou* im.
Arx, *la citadelle.*　　　　　Clavis, *la clef.*
Fax, *la torche.*　　　　　　Febris, *la fièvre.*

Navis, *le navire.* | Turris, *la tour.*
Puppis, *la poupe.* | Restis, *la corde.*

IIIe Modèle.

Hæresis. f. singulier.			*Hæreses*. f. pluriel.	
N. Hæres is,	*l'hérésie.*	N. Hæres es,	*les hérésies.*
G. Hæres is *ou* eos,	*de l'hérésie.*	G. Hæres eon,	*des hérésies.*
D. Hæres i,	*à l'hérésie.*	D. Hæres ibus,	*aux hérésies.*
Ac. Hæres im *ou* in,	*l'hérésie.*	Ac. Hæres es,	*les hérésies.*
V. ô Hæres is,	*ô hérésie.*	V. ô Hæres es,	*ô hérésies.*
Ab. Hæres i,	*de l'hérésie.*	Ab. Hæres ibus,	*des hérésies.*

Déclinez de même :

Crisis, *la crise* ; poesis, *la poésie* ; thesis, *la thèse* ; phrasis, *la phrase.*

IVe Modèle.

Heros. m singulier.		*Heroes*. f. pluriel.	
N. Hero s,	*le héros.*	N. Hero es,	*les héros.*
G. Hero is,	*du héros.*	G. Hero um,	*des héros.*
D. Hero i,	*au héros.*	D. Hero ibus,	*aux héros.*
Ac. Hero em, a,	*le héros.*	Ac. Hero es, as,	*les héros.*
V. ô Hero s,	*ô héros.*	V. ô Hero es,	*ô héros.*
Ab. Hero e	*du héros.*	Ab. Hero ibus,	*des héros.*

Déclinez de même :

Aer, *l'air.*
Æther, *l'éther.*
Crater, *la coupe.*
Rhetor, *le rhéteur.*
Hector, *Hector.*
Pan, *g.* os, *Pan.*
Macedo, *g.* nis, *le Macédonien.*

Changez s *en* dis.
Arcas, *l'Arcadien.*
Tigris, *le Tigre, fleuve.*
Lampas, *la lampe.*
Pallas, *Pallas déesse.*
Tyrannis, *la tyrannie.*
Clamys, *g.* dis *ou* dos, *la casaque.*

Nom unique irrégulier de la 3e déclinaison.

Singulier.		Pluriel.	
N. Bos,	*le bœuf.*	N. Boves,	*les bœufs.*
G. Bovis,	*du bœuf.*	G. Boum,	*des bœufs.*
D. Bovi,	*au bœuf.*	D. Bobus,	*aux bœufs.*
Ac. Bovem,	*le bœuf.*	Ac. Boves,	*les bœufs.*
V. ô Bos,	*ô bœuf.*	V. ô Boves,	*ô bœufs.*
Ab. Bove,	*du bœuf.*	Ab. Bobus,	*des bœufs.*

Ve Modèle (neutre).

Corpus. n. singulier.		*Corpora*. n. pluriel.	
N. Corp us,	*le corps.*	N. Corpor a,	*les corps.*
G. Corpor is,	*du corps.*	G. Corpor um,	*des corps.*
D. Corpor i,	*au corps.*	D. Corpor ibus,	*aux corps.*
Ac. Corp us,	*le corps,*	Ac. Corpor a,	*les corps.*
V. ô Corp us,	*ô corps.*	V. ô Corpor a,	*ô corps.*
Ab. Corpor e,	*du corps.*	Ab. Corpor ibus,	*des corps.*

Déclinez de même :

Decus, *l'honneur.*
Littus, *le rivage.*
Nemus, *le bois.*

Pecus, *le troupeau.*
Pectus, *la poitrine.*
Pignus, *le gage.*

Changer *us* en *eris*.

Fœdus, *l'alliance.*
Genus, *la race.*
Latus, *le côté.*
Munus, *l'emploi.*
Olus, *le légume.*
Opus, *l'ouvrage.*
Onus, *le fardeau.*
Vulnus, *la blessure.*
Scelus, *le crime.*
Sidus, *l'astre.*
Iter, *g.* itineris, *le voyage, le chemin.*

Changez *en* en *inis*.

Agmen, *le bataillon.*
Carmen, *le chant.*
Flumen, *le fleuve.*
Gramen, *le gazon.*
Limen, *le seuil.*
Nomen, *le nom.*
Numen, *la divinité.*
Omen, *le présage.*
Semen, *la semence.*
Vimen, *l'osier.*
Caput *g.* capitis, *la tête.*
Robur, *g.* roboris, *le chêne.*
Rus, *g.* ruris, *la campagne.*
Jus, *g.* juris, *le droit.*

VI⁰ *Modèle (neutre).*

Cubile. n. singulier.

N.	Cubil e,	*le lit.*
G.	Cubil is,	*du lit.*
D.	Cubil i,	*au lit.*
Ac.	Cubil e,	*le lit.*
V. ô	Cubil e,	*ô lit.*
Ab.	Cubil i,	*du lit.*

Cubilia. n. pluriel.

N.	Cubil ia,	*les lits.*
G.	Cubil ium,	*des lits.*
D.	Cubil ibus,	*aux lits.*
Ac.	Cubil ia,	*les lits.*
V. ô	Cubil ia,	*ô lits.*
Ab.	Cubil ibus,	*des lits.*

Déclinez de même :

Altare, *l'autel.*
Mantile, *la serviette.*
Mare, *la mer.*
Rete, *le filet.*
Ile, *le boyau.*
Ancile, *le bouclier.*
Sedile, *le siège.*

Ajoutez au nom *is* pour le génitif.

Animal, *l'animal.*

Vectigal, *l'impôt.*
Calcar, *l'éperon.*
Exemplar, *l'exemplaire.*
Par, *la paire.*
Pulvinar, *le coussin.*
Tribunal, *le tribunal.*
Animans, *g.* animantis, *ce qui est animé.* (Le vocatif et l'accusatif sont semblables au nominatif).

VII⁰ *Modèle (neutre).*

Poema. n. singulier.

N.	Poema,	*le poème.*
G.	Poema tis,	*du poème.*
D.	Poema ti,	*au poème.*
Ac.	Poema,	*le poème.*
V. ô	Poema,	*ô poème.*
Ab.	Poema te,	*du poème.*

Poemata. n. pluriel.

N.	Poema ta,	*les poèmes.*
G.	Poema tum,	*des poèmes.*
D.	Poema tibus, tis,	*aux poèmes.*
Ac.	Poema ta,	*les poèmes.*
V. ô	Poema ta,	*ô poèmes.*
Ab.	Poema tibus, tis,	*des poèmes.*

Déclinez de même :

Aroma, *le parfum.*
Axioma, *l'axiome.*
Ænigma, *l'énigme.*
Diadema, *le diadème.*
Dogma, *le dogme.*

Problema, *le problème.*
Systema, *le système.*
Stratagema, *le stratagème.*
Thema, *le thème.*
Adamas, *g.* adamantis, *le diamant.*

§ IV. — QUATRIÈME DÉCLINAISON.

Les noms masculins ou féminins de cette déclinaison ont le génitif singulier en *ûs* : les neutres sont indéclinables au singulier et se terminent en *u*.

Ier Modèle.

Manus. f. singulier.			*Manus.* f. pluriel.	
N. Man us,	*la main.*	N. Man us,	*les mains.*
G. Man ûs,	*de la main.*	G. Man uum,	*des mains.*
D. Man ui,	*à la main.*	D. Man ibus,	*aux mains.*
Ac. Man um,	*la main.*	Ac. Man us,	*les mains.*
V. ô Man us,	*ô main.*	V. ô Man us,	*ô mains.*
Ab. Man u,	*de la main.*	Ab. Man ibus,	*des mains.*

Quelques noms ont le datif et l'ablatif pluriels en *ubus*.

Noms à décliner sur Manus.

Casus, *le cas, la chute.*
Cultus, *le culte.*
Currus, *le char.*
Cursus, *la course.*
Fructus, *le fruit.*
Gradus, *le degré.*
Ictus, *le coup.*
Metus, *la crainte.*
Passus, *le pas.*
Spiritus, *le souffle.*
Vultus, *le visage.*
Visus, *le regard.*
Usus, *l'usage.*

Questus, *la plainte.*
Saltus, *le saut, le bois.*
Sinus, *le sein.*

Dat. et abl. pl. *ubus.*

Arcus, *l'arc.*
Lacus, *le lac.*
Specus, *la caverne.*
Partus, *l'enfantement.*
Portus, *le port.*
Quercus, *le chêne.*
Tribus, *la tribu.*
Acus, *l'aiguille,*
Et quelques autres.

IIe Modèle.

Genu. n. singulier.			*Genua.* n. pluriel.	
N. Gen u,	*le genou.*	N. Gen ua,	*les genoux.*
G. Gen u,	*du genou.*	G. Gen uum,	*des genoux.*
D. Gen u,	*au genou.*	D. Gen ibus,	*aux genoux.*
Ac. Gen u,	*le genou.*	Ac. Gen ua,	*les genoux.*
V. ô Gen u,	*ô genou.*	V. ô Gen ua,	*ô genoux.*
Ab. Gen u,	*du genou.*	Ab. Gen ibus,	*des genoux.*

Déclinez de même :

Cornu, la corne ; *tonitru,* le tonnerre ; *veru,* la broche, datif et ablatif pluriel, *verubus.*
Testu, le vase de terre ; *gelu,* la gelée, sans pluriel.
Jesus, au nominatif, fait à l'accusatif *Jesum,* et partout ailleurs *Jesu.*

Nom unique mixte (2e et 4e déclinaisons).

singulier.			Pluriel.	
N. Domus,	*la maison.*	N. Domus,	*les maisons.*
G. Domûs *et* i,	*de la maison.*	G. Domuum *et* orum,	*des maisons.*
D. Domui *et* o,	*à la maison.*	D. Domibus,	*aux maisons.*
Ac. Domum,	*la maison.*	Ac. Domus *et* os,	*les maisons.*
V. ô Domus,	*ô maison.*	V. ô Domus,	*ô maisons.*
Ab. Domu *et* o,	*de la maison.*	Ab. Domibus,	*des maisons.*

REMARQUE. L'ablatif en *o* est plus usité que celui en *u; domorum* et *domos* sont plus usités que *domuum* et *domus*.

§ V. — CINQUIÈME DÉCLINAISON.

Excepté *dies*, qui est des deux genres, tous les noms de cette déclinaison sont féminins. Le génitif singulier se forme en changeant *es* en *ei*; pluriel *erum*.

Modèle unique.

Dies. singulier.		*Dies.* pluriel.	
N. Di es,	le jour.	N. Di es,	les jours.
G. Di ei,	du jour.	G. Di erum,	des jours.
D. Di ei,	au jour.	D. Di ebus,	aux jours.
Ac. Di em,	le jour.	Ac. Di es,	les jours.
V. ô Di es,	ô jour.	V. ô Di es,	ô jours.
Ab. Di e,	du jour.	Ab. Di ebus,	des jours.

Déclinez de même :

Facies, *la face.*
Res, *la chose.*
Species, *l'apparence.*
Acies, *l'armée.*

Fides, *la foi.*
Glacies, *la glace.*
Spes, *l'espérance.*

Ces trois derniers n'ont ni génitif, ni datif, ni ablatif pluriels.

Supplément aux listes de noms à décliner :

Il y a des noms qui appartiennent à deux déclinaisons, et dont le genre change selon qu'ils sont au singulier ou au pluriel; d'autres n'ont qu'un nombre, et il en est qui ne sont usités qu'à certains cas.

Exemples des principaux :

Singulier.	Pluriel.
Avernus, i (m.), *l'Averne.*	Averna, orum (n.), *les enfers.*
Tartarus, i (m.), *le Tartare.*	Tartara, orum (n.), *les enfers.*
Cœlum, i (n.), *le ciel.*	Cœli, orum (m.), *les cieux.*
Delicium, ii (n.), *le délice.*	Deliciæ, arum (f.), *les délices.*
Vas, is (n. 3e) *le vase.*	Vasa, orum (n. 2e.), *les vases.*
Balneum, i (n.), *le bain.*	Balnea (n.) et balneæ (f.), *les bains.*
Jocus, i (m.), *le jeu.*	Joci (m.) et joca (n.) orum, *les jeux.*
Locus, i (m.), *le lieu.*	Loci (m.) et loca (n.) orum, *les lieux.*
Frœnum, i (n.), *le frein.*	Frœna (n.) et frœni (m.), *les freins.*
Rastrum, i (n.), *le râteau.*	Rastra (n.) et rastri (m.), *les râteaux.*

Les substantifs composés de deux noms ou d'un nom et d'un adjectif, tous deux au nominatif, se déclinent l'un et l'autre sur leur déclinaison propre :

Respublica, *la république;* gén. reipublicæ. etc.
Jusjurandum, *le serment;* gén. jurisjurandi, etc.

Si l'un des deux mots est à un autre cas, le nominatif seul se décline :

Pater-familias, *le père de famille;* gén. patris-familias, etc.
Jurisconsultus, *le jurisconsulte;* gén. jurisconsulti, etc.
Senatûsconsultum, *l'arrêt du sénat;* gén. senatûsconsulti, etc.

L'usage fera connaître les substantifs qui ne sont usités qu'à certains cas.

TABLEAU DES CINQ DÉCLINAISONS,

Au moyen duquel l'élève peut se dispenser d'avoir recours aux modèles, lorsqu'il a à décliner des noms dont la forme et la signification lui sont connues.

CAS.	1re.	2e.	3e.	4e.	5e.	ARTICLES masculins.	ARTICLES féminins.
N.	Rosa. *as. es. e.*	Dominus. *er. um.*	Labor. *is. us. e. al. a.*	Manus. *u.*	Dies.	le.	la.
G.	Rosæ. *es.*	Domini. *eri. ri.*	Laboris.	Manûs. *u. i.*	Diei.	du.	de la.
D.	Rosæ.	Domino.	Labori.	Manui. *o. u.*	Diei.	au.	à la.
Ac.	Rosam. *an. en.*	Dominum. *on. a.*	Laborem. *us. e. a.*	Manum. *u.*	Diem.	le.	la.
V. ô	Rosa. *e.*	Domine. *er. um. i. us.*	Labor. *is. us. e. al.*	Manus.	Dies.	ô.	ô.
Ab.	Rosâ. *e.*	Domino.	Labore. *i.*	Manu. *o. u.*	Die.	du. par.	de la.
N.	Rosæ.	Domini. *ii. a.*	Labores. *a. ia.*	Manus. *ua.*	Dies.	les.	»
G.	Rosarum.	Dominorum.	Laborum. *ium. eon.*	Manuum. *orum.*	Dierum.	des.	»
D.	Rosis. *abus.*	Dominis.	Laboribus. *is.*	Manibus.	Diebus.	aux.	»
Ac.	Rosas.	Dominos. *a.*	Labores. *a. ia.*	Manus. *os. ua.*	Dies.	les.	»
V. ô	Rosæ.	Domini. *a.*	Labores. *a. ia.*	Manus. *ua.*	Dies.	ô.	»
Ab.	Rosis. *abus.*	Dominis.	Laboribus. *is.*	Manibus.	Diebus.	des. par.	»

SINGULIER.   PLURIEL.

Exercices en forme de thèmes et de versions sur les déclinaisons, et dont les mots se trouvent dans les listes qui accompagnent chaque déclinaison.

1er THÈME sur la 1re Déclinaison.

n.   g.   d.
Le matelot; du poète; au pirate;
ac.   v.
le cocher; ô esclave; du *ou* par le
ab.   n.   g.
bouffon. — Les sables; des parri-
d.   ac.
cides; aux convives; les chaînes;
v.   ab.   n.
ô voûtes; des causes. — La forêt;
g.   d.   ac.
des eaux; à la roue; les soupers;
v.   ab.   n.
ô palmier; des nœuds. — Les fables;
g.   d.   ac.
de la règle; aux gouttes; la tache;
v.   ab.   ab.
ô herbes; de la colère, par la lune.

1re VERSION sur la 1re Déclinaison.

n.   g.   d.   ac.
Luna; nautæ; iræ; piratam; ô
v.   ab.   n.   g.
herba; aurigâ. — Maculæ; verna-
d.   ac.   v.
rum; guttis; fabulas; ô scurræ;
ab.   n.   g.
normis. — Arena; copularum; par-
d.   ac.   v.   ab.
ricidæ; palmas; ô conviva; cœnis.
n.   g.   d.   ac.
— Catenæ; rosæ; causis; sylvam;
v.   ab.   g.
ô aqua; lunis. — Camerarum; cœ-
d.   g.   ac.
nis; normæ; aurigas.

2e THÈME.

(Les cas douteux sont seuls indiqués.)

ac.   ab.
La lune; des herbes; à la colère;
n.
les gouttes; ô taches; par la fable;
n.   g.
à la règle; le nœud; des soupers;
ab.
du palmier; aux roues; ô eaux;
ac.
par les forêts; à la cause; la voûte;
g.
des chaînes; ô convives; par les par-
ac.   g.
ricides; le sable; des bouffons; à
g.   d.
l'esclave; du cocher; aux pirates;
g.
des poètes.

2e VERSION.

(Les cas douteux sont seuls indiqués.)

d.
Poetis; piratarum; aurigam; ver-
g.
nâ; scurræ; arenas; ô parricidæ;
ab.
convivis; catenam; cameras; cau-
sarum; sylvâ; aquam; ô rotæ; pal-
d.   n.
mis; cœnæ; copulâ; ô regula;
fabularum; maculam; guttâ; ira-
ab.   d.
rum; herbis; lunas; causis; auri-
ab.
garum; sylvis.

3e THÈME.

(Les cas douteux à volonté.)

Le berceau; aux charmes; des menaces: ô cheveux; de Syracuse; à Versailles; d'Athènes; ô bagatelles; au marché; des paupières; le bain; les ténèbres; au berceau; du marché; ô Syracuse; aux bagatelles; les menaces.

3e VERSION.

(Les cas douteux à volonté.)

Minis; nugarum; Syracusis; nundinæ; cunas; tenebrarum; thermæ; ô palpebræ; nundinis; nugarum; Athenis; Versaliarum; Syracusas; ô tricæ; minis; illecebrarum; ô cunæ; Syracusarum; tenebris; ô minæ.

(17)

4ᵉ Thème.

Les âmes; aux esclaves; par les filles; des ânesses; aux mules; par les déesses; ô affranchie; des servantes; les filles; aux jumens;
ac.
d'Énée; ô Borée; à André; la tiare; de la grammaire; la physique; ô abrégé; à la rhétorique; de Cybèle;
ac.
Josué; du géomètre; Achille; à Hercule; le lecteur.

4ᵉ Version.

Animabus; anagnostæ; servarum; Alciden; asinabus; natus; deæ; mularum; famulabus; libertæ; ônata; equam; Boreas; Æneam; tiaræ; Andreâ; epitome; physices; grammaticen; geometres; filiabus; dearum; asinæ; servæ; natabus; famularum; libertâ; Pelidæ; anagnosten; grammatices.

Exercices sur la 2ᵉ déclinaison.

1ᵉʳ Thème.

O ruisseau; du jardin; les boucs; l'âne; aux rayons; par le glaive; les yeux; à l'année; des fruits; ô
ab.
coqs; de l'aïeul; au bâton; des peuples; ô loups; la fumée; à la ma-
g.
nière; des porte-faix; les chevaux; du bourg; par les maladies; aux roseaux; les ruses; aux yeux; ô murs; du chameau; au doigt; des
g.
messagers; par le nombre des nids;
ac.
la nourriture; des champs; les peupliers; aux armes; des figuiers; par les cèdres; le hêtre; ô laurier; aux pommiers; ô aulne.

1ʳᵉ Version.

Alnorum; rivo; hortis; malum; asini; hircorum; lauros; radii; fagos; gladio; jocis; ô fici; malorum;
g.   n.
asini; ulmi; puteo; campus; gallorum; cibo; avis; nide; numero; populorum; baculis; nuntii; digitos; lupi; camelo; fumum; muris; bajulorum; oculi; equis; dolus; pagi; morbum; calamo, cedrorum; oculos; populis; anno; gladii.

2ᵉ Thème.

O Antoine; les fils; ô Virgile;
v.
agneau de Dieu; ô chœur; de Thésée; ô Persée; à l'adultère; de
g.
l'homme; les sangliers; des champs; aux livres; par le beau-père; ô soir; des couteaux; des maîtres; ô ministre; du forgeron; de l'arbitre; aux boucs; par le chancre; des couleuvres; ô vent du midi; Dieu;
v.   v.
agneau; Horace; du bouc.

2ᵉ Version.

O Deus; capri; fili; virorum;
v.
agnus; Dei; ô chorus; ministrorum; Antoni; adulteri; Theseu; Orpheos; Morphea; virorum; apris;
ab.
austro; campis; libros; puerorum; magistris; ô soceri; fabros; vesperi; cultrorum; colubris; Antonium; arbitrum; ô agnus; vir; Orpheon; libris.

3ᵉ Thème.

Les mots; de l'antre; à l'argent; ô trait; les secours; par l'étude;
ab.
de la guerre; aux rochers; des ra-

3ᵉ Version.

Horrea; verborum; jugis; antro; granorum; argenti; tela; ligno; gaudium; auxiliis; membrorum;

2

teaux; par les bras; ô combats; de la forteresse; le prix; au cou; les récompenses; aux tonneaux; du danger; des dons; les œufs; aux élémens; par le repos; des exemples; ô haine; aux temples; les affaires; de la place; des monstres; par la feuille; du membre; à la joie; le bois; des grains; du sommet; au grenier.

d.
studio; foliis; belli; monstra; saxorum; forum; rastri; brachio; negotiis; præliorum; templo; castri; odiis; colla; exemplum; præmio; otii; doliorum; elementa; donum; ovorum; studiis; verba.

Exercices sur la 3ᵉ déclinaison.

1ᵉʳ Thème.

Les arbres; des sœurs; au chien; de la femme; par la crainte; des épouses; ô bruit; au bélier; la mort; des bergers; par l'amour; des neveux; les douleurs; à l'erreur; du voleur; le bruit; des li-
ab.
queurs; ô couleur; des murailles; les calices; aux chefs; des aquilons; le troupeau; par la bonté; à la loi; des rois; la vérité; de l'âge; ô sommet; du sapin; les cahiers; des juges; par le sang; aux hiboux; de la crainte; du charbon; à la grêle; des dragons; ô voleur; des vierges; les lions; à l'image; de la raison; les passions; des hommes.

1ʳᵉ Version.

Gregi; arboribus; aquilones; ô sorores; duces; canum; mulieri; ô calix; timori; parietibus; colore; uxoris; rumori; liquore, mortem; arietis; ô latro; pastoris; amori; nepotibus; dolores; mortis; bonitati; hominibus; legibus; cupidinis; veritate; regis; ô ætas; veritate; abiete; verticis; ratio; judice; sanguine; leonum; imaginibus; bubone; timori; virginis; ô latrones; carbonum; grandine; draconibus.

2ᵉ Thème.

O citoyen; des nations; à la lumière; de la torche; ô citadelle;
d.
à la colline; les avantages; de l'épée; à la corde; aux ennemis; par la cohorte; les feux; de l'art; aux
ab.
mois; du globe; des poissons; des fontaines; ô témoin; à la montagne; le client; au riche; à la dent; ô carnage; par la défaite; des renards; à la place; aux nuages; des forces; les rochers; à la clef; Con-
ac.
stantinople; ô corde; des vaisseaux; par la soif; de la fièvre; à la base; aux haches.

2ᵉ Version.

Secures; civium; lucem; gentibus; basi; collis; febres; arci; ô
d.
fax; siti; collem; navibus; ô dotes; restis; enses; Constantinopolis; hostium; Neapoli, cohorti; clavium; igni; artibus; virium; rupibus; mensi; orbis; nubium; sede; piscibus; vulpes; fontis; clade; cædis; testi; montium; dentibus; ditis; clientium; civibus; febri; sitim; tussi; securibus.

3ᵉ Thème.

A la crise; des poésies; les phrases; du rhéteur; à l'air; ô coupe;
ac.
Pan; à Hector; le Macédonien; ô

3ᵉ Version.

Prole; honoris; crisin; Palladis; lampas; rhetori; ô aer; Panos, Hectora, Macedonem; crateris; cla-

Arcadien; de la casaque; de la ty- | mydi; Arcada; tyrannidem; æthe-
rannie; par la lampe; de Pallas; | ra; heroas; honorum; littoribus;
l'honneur; à la race; les rivages; | nemora, pignore; fœderi; pecto-
des bois; aux gages; de l'alliance; | ribus; pecorum; latus; itinerum;
les poitrines; aux troupeaux; au | operibus; muneris; scelera; vul-
côté; du chemin; les ouvrages; de | neribus.
ab.
l'emploi; par le crime; à la blessure.

4ᵉ Thème.

Au bataillon; de la divinité; le
chant; les noms; des fleuves; aux
semences; par le gazon; du seuil;
au présage; les têtes; ô osier; les
chênes; de la campagne; au droit;
des impôts; les serviettes; ô animal; par la mer; les boucliers;
aux éperons; de la paire; ô exemplaire; des thêmes; les coussins;
du diadême; le système; aux
dogmes; ô énigmes; aux parfums;
du diamant.

4ᵉ Version.

Numina; agminis; adamanti;
carminibus; nominis; ô aroma;
flumine; ænigmatum; ô semen;
graminis; omina; systemati-
bus; ô jus; vectigalibus; ro-
borum; rura; maria; anima-
lium; calcari; paris; ô exempla-
ria, thematis; mantilium; ô ancilia; limine; vimen; maris;
dogmata; systematum.

Exercices sur la 4ᵉ et la 5ᵉ déclinaisons.

Thème.

A la chute; de la plainte; par
le culte; des bois; les courses; aux
chars; au sein; des fruits; aux
coups; par l'usage; au pas; de la
crainte; les degrés; au regard;
ab.
par le souffle; du visage; aux
chênes; par les arcs; les tribus;
ab.
aux cavernes; des tonnerres; aux
broches; des ports; les lacs; des
ab.
choses; aux faces; par l'apparence; de l'armée; par l'espérance.

Version.

O spes; casûs; cultui; rerum;
portubus; fructuum; gradibus;
usui; ictu; vultûs; tonitrua; pas-
suum; metu; spiritui; quercûs;
ab.   g.
acubus; lacu; verna; gelu; testu;
sinûs; currum; cursûs; tonitri-
bus; saltuum; cornua; acubus;
fructus; specubus; visui.

Exercices sur toutes les irrégularités des substantifs, sous le rapport du genre, du nombre et de la déclinaison. (Supplément.)

Thème.

Le râteau; des râteaux; ô frein;
ab.   ac.
des freins; le tartare; ô enfers;
par le ciel; aux cieux; les lieux;
du lieu; ô bain; aux bains; les
ab.
vases; des vases; du délice; ô dé-
n.   ac.
lices; le jeu; les jeux; à la répu-

Version.

n.
Deliciarum; delicii; rastra;
n.   ac.
castri; frœnum; ô frœni; loca;
g.   n.   n.
locus; cœli; cœli; jocis; joca;
g.   n.   g.
balnei; balneæ. Vasorum; vasis;
reipublicæ; senatûsconsulto; pa-

2.

blique ; du sénatus-consulte ; au serment ; du père de famille ; aux jurisconsultes ; la république.

trem-familias ; jurisconsultum ; rempublicam ; jurajuranda ; patribus-familias ; republicâ ; senatûsconsulti.

THÈME *sur toutes les déclinaisons.*

Les loups ; aux forêts ; par l'emploi ; à la bonté ; la hache ; aux vases ; ô montagne ; par les matelots ; à la divinité ; ô Virgile ; des nations ; par les ports ; des héros ; aux chaînes ; aux chênes ; ô oiseau ; du bois ; l'âne ; des chars ; par les cornes ; ô dons ; des cieux ; par le bain ; à la loi ; les rois ; aux troupeaux ; par les cordes ; ô citoyen ; de la république ; les fils ; des pères de famille ; les sermens ; aux témoins ; par les juges ; du tonnerre ; les crimes ; de l'hérésie.

VERSION *sur toutes les déclinaisons.*

Numini ; cœlorum ; rastris ; agri ; montibus ; silvarum ; portu ; viri ; quercubus ; nemora ; donis ; ictûs ; verubus ; animabus ; filiis ; hominum ; rebus ; magistrorum ; muneribus ; ô tempora ; honorum ; crimina ; nautas ; poemata ; poetas ; ô Persen ; agminis ; dies ; præmii ; legibus ; rerumpublicarum ; natæ ; Æneam ; senatûsconsulto ; diei ; puerorum ; gentes ; orbe ; temporibus ; avium , heroa ; limine ; fontes ; aquarum.

CHAPITRE II. — *Déclinaisons des Adjectifs.*

Les adjectifs appartiennent à la première, à la seconde et à la troisième déclinaison, selon qu'ils ont le caractère distinctif de l'une d'elles : la terminaison et le genre servent aussi à faire connaître de quelle déclinaison ils font partie.

Les adjectifs qui ont les trois terminaisons, *us* ou *er*, pour le masculin, *a* pour le féminin, *um* pour le neutre, appartiennent à la première et à la seconde, et se déclinent sur les modèles correspondans, *dominus* ou *puer, rosa, templum* : ceux qui ont le génitif en *is* font partie de la troisième, et se déclinent les uns sur *labor* ou *avis* ; les autres en partie sur *avis*, en partie sur *cubile*.

§ I. Ier *Modèle pour décliner les adjectifs de la* 1re *et* 2e *déclinaisons.*

SINGULIER.

	m.	f.	n.
Nominatif.	Doctus, *savant*.	Docta, *savante*.	Doctum, *savant*.
Génitif.	Docti.	Doctæ.	Docti.
Datif.	Docto.	Doctæ.	Docto.
Accusatif.	Doctum.	Doctam.	Doctum.
Vocatif.	ô Docte.	Docta.	Doctum.
Ablatif.	Docto.	Doctâ.	Docto.

PLURIEL.

Nominatif.	Docti, *savans*.	Doctæ, *savantes*.	Docta, *savans*.
Génitif.	Doctorum.	Doctarum.	Doctorum.
Datif.	Doctis.	Doctis.	Doctis.
Accusatif.	Doctos.	Doctas.	Docta.
Vocatif.	ô Docti.	Doctæ.	Docta.
Ablatif.	Doctis.	Doctis.	Doctis.

(Les adjectifs sont toujours joints à un substantif dont ils suivent le *genre*, le *nombre* et le *cas*.)

Les adjectifs terminés en *er* au nominatif singulier masculin ne diffèrent du modèle ci-dessus qu'à ce cas et au vocatif qui lui est toujours semblable dans les adjectifs de cette terminaison. Il faut remarquer que ces mêmes adjectifs forment le génitif singulier, les uns en ajoutant un *i*, pour le masculin et le neutre, et un *æ* pour le féminin; comme :

Nom. Miser, miser-a miser-um, *malheureux, se.*
Gén. Miser-i, miser-æ, miser-i.

Les autres en retranchant la voyelle qui précède la consonne finale, et en ajoutant après celle-ci *i* pour le masc. et le neut, et *æ* pour le fém. ; comme :

Nom. Pulcher, pulchr-a, pulchr-um, *beau, belle.*
Gén. Pulchri, pulchræ, pulchri.

Adjectifs à décliner sur le premier modèle.

Albus, a, um, *blanc, blanche.*	Longus, a, um, *long.*
Amœnus, a, um, *agréable.*	Magnus, a, um, *grand.*
Aptus, a, um, *apte.*	Mirus, a, um, *admirable.*
Blandus, a, um, *caressant.*	Novus, a, um, *nouveau.*
Bonus, a, um, *bon.*	Orbus, a, um, *privé.*
Carus, a, um, *cher.*	Peritus, a, um, *habile.*
Certus, a, um, *certain.*	Sanctus, a, um, *saint.*
Clarus, a, um, *illustre.*	Vanus, a, um, *vain.*
Dignus, a, um, *digne.*	Asper, a, um, *raboteux.*
Densus, a, um, *épais.*	Dexter, a, um, *adroit.*
Dubius, a, um, *douteux.*	Liber, a, um, *libre.*
Exiguus, a, um, *petit.*	Tener, a, um, *tendre.*
Facundus, a, um, *éloquent.*	Prosper, a, um, *heureux.*
Ferus, a, um, *sauvage.*	Satur, a, um, *rassasié.*
Gratus, a, um, *agréable.*	Æger, a, um, *malade.*
Hirsutus, a, um, *hérissé.*	Creber, a, um, *fréquent.*
Idoneus, a, um, *propre à.*	Niger, a, um, *noir.*
Inclytus, a, um, *fameux.*	Piger, a, um, *paresseux.*
Lætus, a, um, *agréable.*	Sacer, a, um, *sacré.*
Latus, a, um, *large.*	Sinister, a, um, *sinistre.*

§ II. IIme *Modèle, adjectif de la 3° déclinaison.*

Singulier.

	m. f. n.	
N.	Util is, util is, util e, *utile.*	Prudens, *m. f. et n. prudent.*
G.	Util is, *pour les trois genres.*	Prudent is, *pour les trois genres.*
D.	Util i, *id.*	Prudenti, *id.*
Ac.	Util em, *m. et f.*, utile, *n.*	Prudentem, *m. et f.* prudens, *n.*
V.	ô Utilis, *m. et f.*, utile, *n.*	ô Prudens, *pour les trois genres.*
Ab.	Util i, *pour les trois genres.*	Prudente, *ou* prudenti, *id.*

Pluriel.

N.	Utiles, *m. f.* utilia, *utiles.*	Prudentes, *m. f.* prudentia *n.*
G.	Utilium, *pour les 3 genres.*	Prudentium, *pour les trois genres.*
D.	Utilibus, *id.*	Prudentibus, *id.*
Ac.	Utiles, *m. f.*, utilia, *n.*	Prudentes, *m. f.*, prudentia, *n.*
V.	ô Utiles, *m. f.*, utilia, *n.*	Prudentes, *m. f.*, prudentia. *n.*
Ab.	Utilibus, *pour les 3 genres.*	Prudentibus, *pour les trois genres.*

Quelques adjectifs qui suivent le modèle *utilis*, ont au nominatif et vocatif singuliers trois terminaisons, une pour chaque genre, dans les autres cas, ils sont conformes à *utilis* : de ce nombre sont :

Celer, *m.*, celeris, *f.*, celere, *n. rapide*; acer, acris, acre, *vif*.
Celeber, celebris, celebre, *célèbre*, saluber, is, e, *salubre*; etc.

Adjectifs à décliner sur le modèle précédent.

Brevis, e, *court*.
Comis, *civil*.
Dulcis, *doux*.
Gracilis, *mince*.
Gravis, *pesant*.
Fortis, *courageux*, *fort*.
Hilaris, *gai*.
Incolumis, *sain et sauf*.
Juvenis, *jeune*.
Levis, *léger*.
Mitis, *doux*.
Omnis, *tout*.
Similis, *semblable*.
Suavis, *suave*.
Sublimis, *élevé*.
Tristis, *triste*.
Turpis, *honteux*.
Viridis, *vert*.
Recens, tis, *nouveau*.
Sapiens, *sage*.
Par, *égal*.
Amens, tis, *insensé*.
Clemens, *clément*.
Elegans, *élégant*.
Frequens, *fréquent*.

Ingens, *grand*.
Locuples, *riche*.
Solers, *adroit*.
Sons, *coupable*.
Atrox, cis, *cruel*.
Audax, *audacieux*.
Felix, *heureux*.
Minax, *menaçant*.
Procax, *imprudent*.
Velox, *rapide*.
Duplex, icis, *double*.
Simplex, *simple*.
Vindex, *vengeur*.
Præceps, ipitis, es é.

Les suivans ont le gén. pl. en um.

Dives, itis, *riche*.
Princeps, ipis, *le premier*.
Supplex, icis, *suppliant*.
Pauper, is, *pauvre*.
Memor, *reconnaissant*.
Uber, *fertile*.
Vetus, eris, *ancien, vieux, et plusieurs autres que l'usage fera connaître*.

Exercices sur les adjectifs joints à un substantif.

Déclinez le substantif sur son modèle particulier, et l'adjectif sur celui qui lui est propre, et faites toujours accorder en genre, en nombre et en cas : le substantif et l'adjectif s'accordent de plus en terminaison, lorsqu'ils sont l'un et l'autre de la même déclinaison et terminés de la même manière au nominatif singulier.

I.

Nom. Herba alba, *l'herbe blanche*; gén. herbæ albæ, *de l'herbe*, etc.
N. Hortus amœnus, *le jardin agréable*; g. horti amœni.
N. Faber niger, *le forgeron noir*; g. fabri nigri.
N. Donum gratum, *le don agréable*; g. doni grati.
N. Pastor memor, *le berger reconnaissant*; g. pastoris memoris.
N. Civis fortis, *le citoyen fort*; g. civis fortis.
N. Ancile breve, *le bouclier court*; g. ancilis brevis.
N. Judex vindex, *le juge vengeur*; g. judicis vindicis.
N. Cliens prudens, *le client prudent*; g. clientis prudentis.

II.

m.	f.	n.
Campus latus,	silva lata,	saxum latum.
Le champ large,	*la forêt large*,	*le rocher large*.

m.	f.	n.
Minister sacer,	causa sacra,	fanum sacrum.
Le ministre sacré,	*la cause sacrée,*	*le temple sacré.*
Piscis levis,	ensis levis,	rete leve.
Le poisson léger,	*l'épée légère,*	*le filet léger.*
Serpens ingens,	gens ingens,	animans ingens.
Le serpent grand,	*la nation grande,*	*l'animal grand.*
Pater celeber,	collis celebris,	altare celebre.
Le père célèbre,	*la colline célèbre,*	*l'autel célèbre.*

III.

N. Soror bona, *la sœur bonne*; g. sororis bonæ, *de la sœur bonne,* etc.
N. Mons altus, *la montagne haute*; g. montis alti, etc.
N. Vir sapiens, *l'homme sage*; g. viri sapientis, etc.
N. Nemus densum, *le bois épais*; g. nemoris densi, etc.
N. Hircus acer, *le bouc vif*; g. hirci acris, etc.
N. Arbor mira, *l'arbre admirable*; g. arboris miræ. etc.
N. Poeta liber, *le poète libre*; g. poetæ liberi, etc.
N. Thema facile, *le thème facile*; g. thematis facilis, etc.
N. Mare latum, *la mer large*; g. maris lati, etc.
N. Carmen sacer, *le chant sacré*; g. carminis sacri, etc.
N. Cœlum altum, *le ciel élevé*; g. cœli alti, etc.
N. Vas exiguum, *le vase petit*; g. vasis exigui.

IV.

Mater prudens et bona, *la mère prudente et bonne.*
Famula simplex et levis, *la servante simple et légère.*
Dolor magnus et frequens, *la douleur grande et fréquente.*
Scelus turpe et certum, *le crime honteux et certain.*
Portus longus et ingens, *le port long et grand.*
Virgo amens et misera, *la fille insensée et malheureuse.*
Aqua salubris et jucunda, *l'eau salutaire et agréable.*
Tartarus niger et minax, *l'enfer noir et menaçant.*
Nata comis et digna, *la fille civile et digne.*
Avis alba et elegans, *l'oiseau blanc et élégant.*
Judex mitis et peritus, *le juge doux et habile.*
Omnis homo mendax, *tout homme menteur.*

Degrés de signification dans les adjectifs.

Les adjectifs latins sont, comme les adjectifs français, susceptibles de trois degrés de signification; savoir: le *positif*, qui désigne la signification de l'adjectif sans modification, comme *pius*, pieux; le *comparatif*, qui exprime la signification de l'adjectif dans un degré plus haut comparativement à un autre, comme *magis pius*, plus pieux; et le *superlatif*, qui exprime la signification de l'adjectif dans un très-haut ou dans le plus haut degré, comme *maxime pius*, très ou le plus pieux. Si les comparatifs et les superlatifs latins se formaient uniquement comme en français, en ajoutant à l'adjectif positif un des adverbes qui servent à exprimer la modification en plus ou en moins, ils n'offriraient aucune difficulté, et ce qui vient d'être dit suffirait. Mais, excepté ceux qui se terminent en *ius, eus, uus*, presque tous les autres adjectifs changent de forme au comparatif et au superlatif; comme : *positif* sanctus, *saint; comparatif* sanctior, *plus saint; superlatif* sanctissimus, *très ou le plus saint.*

Le comparatif se forme du cas de l'adjectif terminé en *i* auquel on ajoute *or*, pour le masculin et le féminin, et *us* pour le neutre. Ainsi, pour les adjectifs qui ont rapport à la 1re et à la 2e déclinaison, du génitif singulier masculin *docti*, on formera *doctior*, masc. et fém., qui se décline sur *honor*, *doctius*, qui se décline sur *corpus*; et du datif singulier *utili*, on formera *utilior*, masc. et fém., qui se décline aussi sur *honor*, et *utilius* n., sur *corpus*.

Les superlatifs se forment du même cas en *i*, auquel on ajoute *ssimus* pour le masc., *ssima* pour le fém., *ssimum* pour le neut., et se déclinent sur *doctus*, *a*, *um*, comme *sanctissimus*, *sanctissima*, *sanctissimum*; *utilissimus*, *a um*, etc.

Quelques adjectifs forment leur comparatif et leur superlatif irrégulièrement; nous allons les faire connaître:

Bonus, *bon*; comparatif melior, *meilleur*; superlatif optimus, *très-bon*.
Malus, *mauvais*; comp. pejor, *plus mauvais*; superl. pessimus, *très-mauvais*.
Magnus, *grand*; comp. major, *plus grand*; sup. maximus, *très-grand*.
Parvus, *petit*; comp. minor, *plus petit*; sup. minimus, *très-petit*.

Les adjectifs en *er* forment leur superlatif en ajoutant *rimus*, comme:

Miser, *malheureux*; comp. miserior; superl. miserrimus, a, um.
Celeber, *célèbre*; comp. celebrior; superl. celeberrimus, a, um.

Quelques adjectifs en *lis* forment le superlatif en *illimus*, comme:

Facilis, comp. facilior; superl. facillimus; *ainsi que* humilis, imbecillis, docilis, similis, gracilis, etc. L'usage fera connaître les exceptions.

Les adjectifs en *dicus*, *ficus* et *volus* forment leur comparatif en *entior*, et leur superlatif en *entissimus*, comme:

Maledicus, *médisant*; comp. maledicentior; *sup.* maledicentissimus.
Mirificus, *merveilleux*; comp. mirificentior; *sup.* mirificentissimus.
Benevolus, *bienveillant*; comp. benevolentior; *sup.* benevolentissimus.

Exercices sur les adjectifs dans les trois degrés.

Canis blandus, blandior, blandissimus, *le chien caressant, plus, très, etc.*
Homo doctus, doctior, doctissimus, *l'homme savant, plus, très, etc.*
Puer gratus, ior, issimus, *l'enfant reconnaissant, plus, très ou le plus, etc.*
Munus facile, facilius, facillimum, *l'emploi facile, plus, très, etc.*
Rosa pulchra, ior, errima, *la rose belle, plus belle, la plus belle.*
Deus bonus, melior, optimus, *Dieu bon, meilleur, très-bon.*
Templum ingens, tius, tissimum, *le temple grand, plus, très, etc.*
Rex benevolus, lentior, lentissimus, *le roi bienveillant, plus, très, etc.*
Cœlum arduum, magis arduum, maxime arduum, *le ciel élevé, plus, très, etc.*

Thèmes et versions sur les adjectifs au positif.

1er THÈME.

Les citoyens forts; des herbes blanches; aux bergers reconnaissans; par le don agréable. O boucliers courts; du client prudent; le forgeron noir; aux jardins agréa-

1re VERSION.

Horti amœni; fabris nigris; clientes prudentes; ancilia brevia; dono grato; pastore grato; herbas albas; civium fortium; hortis amœnis; fabrorum nigrorum;

bles ; du citoyen fort ; de l'herbe blanche ; ô berger reconnaissant ; aux dons agréables ; au bouclier
g.
court ; des cliens prudens ; les forgerons noirs ; au jardin agréable.

2ᵉ Thème.

Au père célèbre ; du serpent grand ; ô poisson léger ; par le mi-
ac.
nistre sacré ; le champ large ; les collines célèbres ; des nations grandes ; aux épées légères ; par les causes sacrées ; ô forêts larges ; les
ac.
autels célèbres ; l'animal grand ; par le filet léger ; au temple sacré ; des rochers larges ; aux pères célèbres ; des causes sacrées.

3ᵉ Thème.

O montagne haute ; à la sœur bonne ; du ciel élevé ; aux vases petits ; les hommes sages ; des chants sacrés ; par la forêt épaisse ; ô mer large ; aux boucs vifs ; les thèmes
ac.
faciles ; des poètes libres ; l'arbre admirable ; par les montagnes
ac.
hautes ; ô cieux élevés ; le vase petit ; par le champ sacré ; aux arbres admirables.

4ᵉ Thème.

Les mères prudentes et bonnes ; aux servantes simples et légères ; des douleurs grandes et fréquentes ; ô crimes honteux et certains ; des
ab.
ports longs et grands ; aux filles insensées et malheureuses ; par les eaux salutaires et agréables ; les enfers noirs et menaçans ; aux filles
g.
civiles et dignes ; des oiseaux blancs et élégans ; ô juges doux et habiles ; tous les hommes menteurs.

2ᵉ Version.

Causis sacris ; patrum celebrium ; serpentes ingentes ; saxorum latorum ; piscem levem ; ô templa sacra ; patre celebri ; ministros sacros ; retia levia ; campo lato ; animalibus ingentibus ; collium celebrium ; ô attaria celebria ; silvæ latæ ; gente ingenti ; enses leves ; causâ sacrâ.

3ᵉ Version.

Arborum mirarum ; carminibus sacris ; monte alto ; vasa exigua ;
n.
cœli alti ; montem altum ; sorores bonæ ; arboribus miris ; homine sapiente ; poetæ libero ; carmina sacra ; silvarum densarum ; maria lata ; thematum facilium ; hirco acri ; nemoribus densis ; montium altorum.

4ᵉ Version.

Famulæ simplici et levi ; matribus prudentibus et bonis ; scelere turpi et certo ; dolorem magnum et frequentem ; omnium hominum mendacium ; judicibus mitibus et peritis ; portuum longorum et ingentium ; natas amentes et miseras ; aquâ salubri et jucundâ ; virginum civilium et dignarum ; ô tartara nigra et minacia ; avium albarum et elegantium.

Thèmes et versions sur les degrés de signification.

1ᵉʳ Thème.

O ciel très-élevé ; du chien plus caressant ; au roi le plus bien-

1ʳᵉ Version.

Templorum maximorum ; ô cœli altiores ; hominibus doctissimis ;

veillant ; des hommes plus savans ; les temples grands et très-grands ; ô enfans les plus reconnaissans ; à Dieu très-bon et très-grand ; de l'emploi très-facile ; à la rose la plus belle; les cieux plus élevés; aux chiens très-caressans ; des enfans bien reconnaissans ; à l'homme fort savant ; du temple le plus grand.

pueros gratiores; regis benevolentioris; canes blandissimi; rosarum pulcherrimarum ; deo optimo; munera faciliora ; cœlo altissimo; puerorum gratissimorum; muneribus facillimis ; ô homines doctiores; regibus benevolentissimis ; ô templa maxima.

2ᵉ Thème.

A l'homme le plus petit et le plus savant ; de la fille plus médisante et plus malheureuse ; aux rois très-célèbres et très-méchans ; ô temples plus saints et plus merveilleux ; des roses plus simples et très-belles ; du chien plus petit et le plus reconnaissant ; de tous les hommes les plus menteurs et les plus médisans ; ô emplois très-hauts et très-faciles ; du temple plus élevé et plus célèbre.

2ᵉ Version.

Templis altissimis et celeberrimis ; ô munus altius et facilius ; omnes homines mendaciores et maledicentissimi ; canibus minimis et gratissimis ; rosâ simpliciore et pulchriore ; templorum sanctissimorum et mirificentissimorum ; ô reges celeberrimi et pessimi ; natabus maledicentioribus et miserrimis ; hominum minimorum et doctissimorum ; ô Deus optime et sanctissime.

CHAP. IV. — *Des Adjectifs pronominaux et des Pronoms.*

Les adjectifs pronominaux et les pronoms se déclinent d'après la marche qui a été indiquée pour les adjectifs : presque tous ont les deux nombres et les trois genres, et la plupart ressemblent assez au modèle *Doctus, docta, doctum*. Les modèles suivans feront connaître en quoi ils en diffèrent.

§ I. — *Adjectifs numéral et pronominal* (sans vocatif).

Singulier.
    m.   f.   n.
N. Un*us*, un *a*, un *um*, un, une.
G. Un *ius*, *pour les trois genres.*
D. Un*i*,   *idem.*
Ac. Un*um*, un*am*, un*um*.
Abl. Un*o*, un*â*, un*o*.

Ainsi se déclinent :

Solus, a, um, *seul.*
Totus, a, um, *tout.*
Nullus, a, um, *aucun.*
Ullus, a, um, *aucun sans négation.*
Alius, a, ud, *autre.*
Alter, a, um, *l'autre*, etc.

Pluriel.
    m.
N. et V. Duo, du *œ*, du *o*, deux.
G.   Du*orum*, *arum*, *orum*.
D.   Du*obus*, *abus*, *obus*.
Ac.   Duos et o, as, o.
Ab.   Du*obus*, *abus*, *obus*.

De même: Ambo, æ, o, *tous deux.*

Pluriel.
    m.   f.
N. V. Tres, tres, tria, *trois.*
G.   Trium, *pour les trois genres.*
D.   Tribus,   *idem.*
Ac.   Tres, tres, tria.
Ab.   Tribus, *pour les trois genres.*

Les autres adjectifs du nombre cardinal sont indéclinables jusqu'à cent ; on les trouvera dans les dictionnaires.

Les adjectifs du nombre ordinal se déclinent sur le modèle *Doctus*, *a*, *um*; comme *primus*, *a*, *um*, premier; *secundus*, *a*, *um*, second, etc.

Adjectifs possessifs.

Meus, mea, meum, *mon*, *ma*, *mon*, ou *le mien*, *la mienne*, *le mien*;
Tuus, tua, tuum, *ton*, *ta*, *ton*, ou *le tien*, *la tienne*, *le tien*;
Suus, sua, suum, *son*, *sa*, *son*, ou *le sien*, *la sienne*, *le sien*;
Noster, nostra, nostrum, *notre*, ou *le nôtre*, *la nôtre*, *le nôtre*;
Vester, vestra, vestrum, *votre*, ou *le vôtre*, *la vôtre*, *le vôtre*;
Cujus, cuja, cujum, *à qui* ou *de qui*;

Se déclinent comme *Doctus*: *Meus* seul a un vocatif qui est *Mi*; celui de *Noster* est peu usité.

Pronoms-adjectifs-indicatifs:

Singulier.	Pluriel.
m. f. n.	
N. Hic, hæc, hoc, *ce*, *cette*, *ce*, ou *celui*, *celui-ci*, etc.	N. Hi, hæ, hæc, *ces*, *ceux-ci*, *celles-ci*.
G. Hujus, *pour les trois genres*.	G. Horum, harum, horum.
D. Huic, *idem*.	D. His, *pour les trois genres*.
Ac. Hunc, hanc, hoc.	Ac. Hos, has, hæc.
Ab. Hoc, hâc, hoc.	Ab. His, *pour les trois genres*.

Singulier.	Pluriel.
N. Ille, illa, illud, *ce*, *cet*, *celui-là*.	N. Illi, illæ, illa, *ces*, *ceux-là*.
G. Illius, *pour les trois genres*.	G. Illorum, illarum, illorum.
D. Illi, *idem*.	D. Illis, *pour les trois genres*.
Ac. Illum, illam, illud.	Ac. Illos, illas, illa.
Ab. Illo, illâ, illo.	Ab. Illis, *pour les trois genres*.

De même: Iste, ista, istud, *ce*, *cette*, *celui-là*, *celle-là*, *cela*.

Singulier.	Pluriel.
N. Is, ea, id, *ce*, *celui*, *cette*, *celle*, *cela*.	N. Ii, eæ, ea, *ces*, *ceux*, *celles*, *ces choses*.
G. Ejus, *pour les trois genres*.	G. Eorum, earum, eorum.
D. Ei, *id. id.*	D. Iis *ou* eis.
Ac. Eum, eam, *id.*	Ac. Eos, eas, ea.
Ab. Eo, eâ, eo.	Ab. Iis *ou* eis.

De même: Idem, eadem, idem, *le même*, *la même*, *la même chose*.

Pronom adjectif relatif.

Singulier.

N. Qui *et* quis? quæ, quæ, quod *et* quid? *qui*, *qui*? *lequel*, *laquelle*, *quoi*?
G. Cujus, cujus? *pour les trois genres*, *dont*, *de qui*, *de quoi*, *de laquelle*?
D. Cui, cui, *pour les trois genres*, *à qui*, *auquel*, *à laquelle*, *à quoi*?
Ac. Quem, quam, quod *et* quid? *que*, *lequel*, *laquelle*, *quoi*?
Ab. Quo, quâ, quo, *par* ou *de qui*, *dont*, *duquel*, *de laquelle*, etc.

Pluriel.

- **N.** Qui, quæ, quæ et avec? *qui, lesquels, lesquelles, quelles choses?*
- **G.** Quorum, quarum, quorum, *dont, desquels, desquelles.*
- **D.** Quibus *ou* queis, *à qui, auxquels, auxquelles.*
- **Ac.** Quos, quas, quæ, *lesquels, lesquelles, quelles choses?*
- **Ab.** Quibus *ou* queis, *par* ou *de qui, desquels, desquelles.*

Ainsi se déclinent : (la partie italique reste invariable.)

Quis*nam*, quæ*nam*, quod *et* quid*nam*, *lequel, laquelle, quelle chose?*
Ecquis, ecqua, ecquid, *quel, quelle, quelle chose?* (jamais ecquæ.)
Aliquis, aliqua, aliquid, *quelqu'un, quelqu'une, quelque chose* (jamais aliquæ).
Quicunque, quæcunque, quod *et* quidcunque, *quiconque.*
Quisque, quæque, quod *et* quidque, *chaque, chacun, chacune.*
Qui*libet*, quæ*libet*, quod *et* quid*libet*, *qui que ce soit, ce qu'il vous plaira.*
Qui*vis*, quæ*vis*, quod *et* quid*vis*, *chaque, chacun, tout ce que vous voudrez.*
Qui*dam*, quæ*dam*, quod*dam* et quid*dam*, *certain, certaine, quelqu'un.*
Quisquis, quæquæ, quod *et* quid *répétés, quiconque, quoi que ce soit.*
Quis*piam*, quæ*piam*, quod *et* quid*piam*, *quelque, quelque chose.*
Quis*quam*, quæ*quam*, quod *et* quid*quam*,   *id.   id.*

Les suivans se déclinent, partie sur un modèle, partie sur un autre; le caractère italique reste invariable.

Unusquis*que*, unaquæ*que*, unumquod *et* quid*que*, *chaque, chacun, chaque chose.*
Quotusquis*que*, quotaquæ*que*, quotumquod*que*, *combien peu y a-t-il?*
Quotuscunque, etc., *lequel que ce soit d'un nombre,* (sur doctus.)
Quotus*vis*, etc., *tant que vous voudrez,*   (sur doctus.)
Quantuscunque, etc., *quelque grand qu'il soit,*   *id.*
Quantus*vis*, etc., *quelque grand qu'on veuille,*   *id.*

Dans *quis* et ses composés on met au neutre singulier *quod* avec un nom exprimé, et *quid* avec un nom sous-entendu.

§ II. *Pronoms personnels. — Pronom de la première personne.*

Singulier. | Pluriel.

- **N.** Ego, *moi et je.* | **N.** Nos, *nous.*
- **G.** Meî, *de moi.* | **G.** Nostrûm *et* nostrî, *de nous.*
- **D.** Mihi, *à moi, me pour à moi.*| **D.** Nobis, *à nous, nous p^r à nous.*
- **Ac.** Me, *moi, me.* | **Ac.** Nos, *Nos, nous.*
- **Ab.** Me, *de ou par moi.* | **Ab.** Nobis, *de ou par nous.*

Ce pronom n'a pas de vocatif.

Par élégance on ajoute *met* ou *ipse*, comme egomet, ego ipse, *moi-méme,* etc.

Pronom de la deuxième personne.

Singulier. | Pluriel.

- **N.** Tu, *toi et tu.* | **N.** Vos, *Vous.*
- **G.** Tuî, *de toi.* | **G.** Vestrûm *et* vestrî, *de vous.*
- **D.** Tibi, *à toi, te pour à toi.* | **D.** Vobis, *à vous, vous p^r à vous.*
- **Ac.** Te, *toi, te.* | **Ac.** Vos, *vous.*
- **V.** ô tu, *toi.* | **V.** ô Vos, *ô vous.*
- **Ab.** Te, *de ou par toi.* | **Ab.** Vobis, *de ou par vous.*

Les pronoms de la première et de la deuxième personne sont du genre du nom qu'ils remplacent.

Pronom de la troisième personne.

Les adjectifs indicatifs *is, ea, id* et *ille, illa, illud*, dont le modèle a été donné, font office de pronom de la troisième personne.

Pronom réfléchi de la troisième personne, des deux genres et des deux nombres. (Il n'y a pas de nominatif ni de vocatif.)

Singulier et Pluriel.

G. Suî, *de soi, de lui, d'elle, d'eux, d'elles,* suî ipsius, *de lui-même.*
D. Sibi, *à soi, à lui, à elle, à eux, à elles,* sibiipsi, *à lui-même.*
Ac. Se *et* sese, *soi, lui, elle, eux, elles,* seipsum, seipsos, *lui ou eux-mêmes.*
Ab. Se, *de ou par soi, de lui, d'elle, d'eux, d'elles,* etc.

Exercices sur les adjectifs pronominaux.

Les pronoms personnels ne s'employant qu'avec les verbes, les exercices qui y ont rapport ne seront présentés qu'après les verbes.

Nullus homo felix, *aucun homme heureux.* (Déclinez dans tous les cas.)
Sola res utilis, *la seule chose utile,* .   id.
Aliud munus facile, *une autre charge facile,*   id.
Meus pater bonus, *mon père bon.*
Mea nata optima, *ma fille très-bonne.*
Meum thema longum, *mon devoir long.*
Tuus liber brevis et elegans, *ton livre court et élégant.*
Nostra hora ultima incerta, *notre heure dernière incertaine.*
Hic judex prudens et peritissimus, *ce juge prudent et très-habile.*
Ista bonitas certa et major, *cette bonté certaine et plus grande.*
Idem canis niger et fidelis, *le même chien noir et fidèle.*

Thèmes et Versions.

1ᵉʳ Thème.

Mes oiseaux blancs; à mon thème facile et court; ô mes fils doux et savans; par ton père habile; à tes sœurs prudentes; notre père bienfaisant; à votre roi bon et magnifique; vos vices honteux et grands; par son travail fréquent et utile; à ses lois justes; de Dieu seul éternel; à aucun fruit salutaire; par toutes nos forces.

1ʳᵉ Version.

Omnium nostrarum virium; nullius fructûs salubris; Deo soli et æterno; suas leges utiles; laboribus frequentibus et utilibus; tuum vitium turpe et magnum; regis boni et magnifici; nostro patre beneficio; tuarum sororum prudentium; patribus peritis; mi fili dulce et docte; meum thema facile et breve; meis avibus albis.

2ᵉ Thème.

Tes roses plus belles et plus agréables; de mes jardins très-grands et très-utiles; à vos oiseaux plus petits et plus doux; par nos animaux les plus menaçans; à ses esclaves les plus douces et les plus simples; de tous nos bois épais et très-larges; les autres enfans; à ces mêmes hommes

2ᵉ Version.

Vestra nemora densa et latissima; meis servabus docillimis et miterrimis; nostra animalia optima et utilissima; meo horto latissimo et amœnissimo; nostrarum avium mitiorum et majorum; natabus tuis pulcherrimis et celeberrimis; meis agnis docilioribus et mitissimis;

plus savans et très-utiles ; de qui l'on voudra plus prudent et plus courageux ; à notre Dieu très-bon et très-grand.	nostrarum mentium dociliorum et magis idonearum ; legibus sanctissimis et maxime miris.

CHAPITRE V. — *Des Verbes.*

Il y a plusieurs sortes de verbes, savoir : le seul verbe *substantif* sum ; les verbes *actifs*, qui expriment une action faite par le sujet et qui passe directement à un objet appelé régime direct ; les verbes *passifs* qui expriment une action reçue ou soufferte par le sujet ; les verbes *neutres* qui ne sont ni actifs ni passifs et dont l'action se borne au sujet ; les verbes *déponens* qui ont la forme passive et le sens actif ; les *neutres déponens* qui offrent des terminaisons actives et des terminaisons passives ; les verbes *irréguliers* qui diffèrent des verbes réguliers en ce qu'ils n'en suivent pas le modèle dans quelques uns de leurs temps ou de leurs personnes ; les verbes *défectueux*, qui ne sont usités qu'à certains temps ou à certaines personnes ; les verbes *unipersonnels*, qui ne s'emploient qu'à la troisième personne du singulier.

Les verbes latins ont quatre modes : l'*indicatif*, l'*impératif*, le *subjonctif* et l'*infinitif* qui renferme les *participes*, le *supin* et les *gérondifs*.

Les temps de l'indicatif sont : le *présent*, l'*imparfait*, le *parfait* qui correspond aux trois prétérits français, le *plusque-parfait*, le *futur simple* et le *futur antérieur*. Ceux du subjonctif sont : le *présent* qui exprime quelquefois le futur ; l'*imparfait* qui exprime aussi le conditionnel présent ; le *parfait* et le *plusque-parfait* qui exprime aussi le conditionnel passé. Le présent de l'infinitif sert aussi pour l'imparfait ; et le parfait sert pour le plusque-parfait. La pratique rendra toutes ces choses plus faciles à retenir, ainsi que la forme et l'emploi des participes, du supin et des gérondifs. Il y a trois personnes tant au singulier qu'au pluriel.

Conjugaisons des verbes (le mécanisme est le même que pour les déclinaisons).

§ I. — Verbes substantifs.

INDICATIF.
PRÉSENT.

Sing. (ego) Sum,   je suis,
(tu) Es,   tu es,
(ille) Est,   il est ;
Plur. (nos) Sumus,   nous sommes,
(vos) Estis,   vous êtes,
(illi) Sunt,   ils sont.

IMPARFAIT.

S. Eram,   j'étais,
Eras,   tu étais, ou *vous étiez*
Erat,   il était ;   [au sing.]
P. Eramus,   nous étions,
Eratis,   vous étiez,
Erant,   ils étaient.

PARFAIT *et tous les prétérits.*

S. Fui,   je fus, j'ai été, j'eus été,
Fuisti,   tu fus, etc. ou *vous fûtes au*
Fuit,   il fut ;   [*singulier*],

P. Fuimus nous fûmes, nous avons été, etc.
Fuistis,   vous fûtes, etc.
Fuerunt ou fuere,   ils furent.

PLUSQUE-PARFAIT.

(Il se forme du parfait en changeant i en eram.)

S. Fueram,   j'avais été,
Fueras,   tu avais ou *vous aviez été*,
Fuerat,   il avait été ;
P. Fueramus,   nous avions été,
Fueratis,   vous aviez été,
Fuerant,   ils avaient été.

FUTUR SIMPLE.

S. Ero,   je serai,
Eris,   tu seras,
Erit,   il sera ;
P. Erimus,   nous serons,
Eritis,   vous serez,
Erunt,   ils seront.

FUTUR ANTÉRIEUR.
(Il se forme du parfait en changeant *i* en *ero*.)

S. Fuero,   j'aurai été,
   Fueris,   tu auras été,
   Fuerit,   il aura été;
P. Fuerimus,   nous aurons été,
   Fueritis,   vous aurez été,
   Fuerint,   ils auront été.

IMPÉRATIF.
PRÉSENT *et* FUTUR.
(Point de première personne au singulier.)

S. Sis, es *ou* esto, sois; esto, *qu'il soit*;
   Sit, *qu'il soit*;
P. Simus,   soyons,
   Este *ou* estote, soyez,
   Sunto,   qu'ils soient.

SUBJONCTIF.
PRÉSENT.

S. Sim,   que je sois (*il faut*),
   Sis,   que tu sois,
   Sit,   qu'il soit;
P. Simus,   que nous soyons,
   Sitis,   que vous soyez,
   Sint,   qu'ils soient.

IMPARFAIT *et* CONDITIONNEL PRÉSENT.
(Il se forme du présent de l'infinitif en ajoutant *m*).

S. Essem *ou* forem, que je fusse *ou* je serais,
   Esses *ou* fores, que tu fusses *ou* tu serais,
   Esset *ou* foret, qu'il fût *ou* il serait;
P. Essemus, que nous fussions *ou* nous serions,
   Essetis, que vous fussiez *ou* vous seriez,
   Essent *ou* forent, qu'ils fussent *ou* ils seraient.

PARFAIT *ou* PRÉTÉRIT.
(Il se forme du parfait de l'indicatif en changeant *i* en *erim*.)

S. Fuerim,   que j'aie été,
   Fueris,   que tu aies été,
   Fuerit,   qu'il ait été;
P. Fuerimus,   que nous ayons été,
   Fueritis,   que vous ayez été,
   Fuerint,   qu'ils aient été.

PLUSQUE-PARFAIT *et* CONDITIONNEL PASSÉ.
(Il se forme du parfait de l'indicatif en changeant *i* en *issem*.)

S. Fuissem, que j'eusse *ou* j'aurais été,
   Fuisses, que tu eusses *ou* tu aurais été,
   Fuisset, qu'il eût *ou* il aurait été;
P. Fuissemus, que nous eussions *ou* nous aurions été,
   Fuissetis, que vous eussiez *ou* vous auriez été,
   Fuissent, qu'ils eussent *ou* ils auraient été.

INFINITIF.
PRÉSENT *et* IMPARFAIT.
Esse, *être, qu'il est, qu'il était.*

PARFAIT *et* PLUSQUE-PARFAIT.
Fuisse, *avoir été, qu'il a, qu'il avait été.*

FUTUR SIMPLE (déclinable).
acc : Futurum, am, *devoir être* (esse), et fore *indéclinable.*

FUTUR ANTÉRIEUR.
acc : Futurum, am, *avoir dû être* (fuisse).

PARTICIPE FUTUR (déclinable).
nom : Futurus, a, um, *qui doit être.*

Conjuguez ainsi les composés de Sum.

Adesse, adsum, adfui, *être présent* ou *assister à.*
Abesse, absum, abfui, *être absent* ou *éloigné de.*
Deesse, desum, etc., *manquer à.*
Obesse, obsum, etc., *nuire à.*
Præesse, præsum, etc., *présider à.*
Superesse, supersum, etc., *survivre à.*

On pourra conjuguer le verbe *sum* et ses composés avec un complément : pour le verbe *sum*, ce complément sera un adjectif ou un substantif qualificatif qui sera au nominatif singulier ou pluriel, selon le nombre du verbe, et du genre masculin, à moins que le sujet désigne une personne ou un objet d'un autre genre. Le complément des composés sera un substantif au datif, excepté celui d'*absum*, qui sera à l'ablatif précédé de la préposition *à* ou *ab*.

Exercices à écrire et à réciter.

VERBES. *Complémens à employer alternativement (dans les trois degrés et genres pour les adjectifs.*
n.
ESSE.   Doctus, bonus, sapiens, utilis, celeber, niger, facilis, altus, beneficus, etc.

	d.
Deesse.	Cœnæ, normæ, modo, pago, studio, labori, legi, veritati, rationi, etc.
Obesse.	Poetæ, nautæ, populo, viro, fratri, exercitui, reipublicæ, urbi, etc. *(d.)*
Præesse.	Agmini, templo, foro, portui, navi, bello, domui, muneri, etc. *(d.)*
Superesse.	Patri, natæ, virgini, sorori, leoni, heroi, periculo, timori, etc. *(d.)*
Adesse.	Causæ, ludo, castro, cædi, cladi, carmini, ruri, jurijurando, etc.
Abesse.	A silvâ, ab aquâ, à campo, ab horto, à jugo, ab antro, etc. *(ab.)*
Esse.	Vir sapiens, uxor bona, famulus aptus, judex prudens, etc.
Esse.	Virgo pulchra, pulchrior, pulcherrima, etc.
Esse.	Magister doctus, doctior, doctissimus, etc.
Adesse.	Prælio dubio, magis dubio, maxime dubio, etc.

Remarque sur Posse, *pouvoir, et* Prodesse, *être utile*.

Le verbe *prodesse* diffère des autres composés de *esse* en ce qu'il prend un *d* après la première syllabe *pro*, dans les temps et personnes du verbe dont il est composé qui commencent par une voyelle, comme *prosum, proderam, profui, prodessem*, etc.

Le verbe *posse* qui fait au parfait *potui*, conserve la première syllabe *pos*, partout où le verbe *esse* commence par *s* ou *es*; mais dans les temps ou personnes qui commencent par une autre consonne ou une voyelle, cette première syllabe est *pot*; comme *posse, possum, poteram, potui, potuero, possem*, etc. Ce verbe est tout conjugué à la fin de cette première partie.

Thèmes et Versions sur les verbes précédens.

1ᵉʳ Thème.

Je serai bienfaisant; tu étais savant; il fut bon; nous étions hauts; vous serez sages; elles sont faciles; sois utile; que nous fussions noirs; avoir été célèbre. — J'ai manqué au souper; il manquerait à la règle; nous manquons à la raison; que j'aie manqué à la vérité; devant manquer à la manière; manquez à la loi; vous auriez manqué à l'étude; que tu aies manqué au travail; nous manquâmes au bourg; que vous manquassiez à la manière.

1ʳᵉ Version.

Deesset modo; defueratis pago; defuerit labori; deessent studio; desunto legi; defuisse modis; defuimus veritati; deeritis rationi; desimus normæ; defueramus cœnæ; defuturus studio. — Erunt celebres; fueratis nigri; sint utiles; fuisset facilis; essent sapientes; sunt alti; fuerunt boni; eris doctus; sunto benefici; esse altus; futurus sapiens.

2ᵉ Thème.

Elle nuisait à la ville; tu nuiras au poète; devant nuire à la république; je nuisais au matelot; que vous nuisissiez à l'armée; nous au-

2ᵉ Version.

Præfuisset portui; obessemus urbi; præsit navi; obfueras poetæ; præeritis bello; oberant reipublicæ; præerunt foro; obfuerim nau-

rons nui au peuple; qu'ils nuisent tæ; præsto domui; obesset exer-
au père; vous eussiez nui à l'homme. citui; præerat templo; oberunt
— Ils ont présidé à la charge; nous populo; præsunt agmini; obfue-
eûmes présidé au bataillon; tu rant patri; præsunto muneribus;
présides au temple; elle présidait obfuero homini; præfuturus po-
à la maison; ils présideront au pulo et bello; oberat exercitibus
marché; tu présiderais à la guerre; et navibus.
je présidai au vaisseau; que tu pré-
sidasses au port.

3e Thème.

J'ai survécu au père; nous serons présens à la cause; j'étais absent du bois; qu'il survive à la
fille; il fut présent au jeu; tu seras
éloigné de l'eau; il survivrait à la
vierge; il eût été présent au camp;
nous étions éloignés du champ;
que nous survivions à la sœur; vous
fûtes présens au carnage; tu es
éloigné du jardin; il survivait au
lion; il assiste à la défaite; il sera
éloigné du sommet; survivez au
héros; devant assister au chant;
il aura été absent de l'antre; que
j'aie survécu au péril et à la crainte;
nous serons présens au serment.

3e Version.

Adsis jurijurando; superfui patri; superero timori et periculis;
aderant causæ; abfuerant ab antro; absint à nemore; adesto car-
mini; supererit natabus; super-
fuimus heroi; adsim ludo; abera-
mus à jugo; abesset ab aquâ;
aderimus cladi; superfuerunt vir-
ginibus; superfuissent leoni; ad-
fueritis campo; abessetis ab horto;
superfuerint sororibus; adfuturus
cædi; absunto à periculo et timore;
aderat cladi et cædi.

4e Thème.

Tu serais homme sage; elle fut
épouse bonne; devant être serviteur apte; qu'il soit juge prudent;
ils seront maîtres savans; elle fut
vierge belle; nous assistâmes à
un combat douteux; que je sois
homme très-sage; devant être
épouse meilleure; sois serviteur
très-apte; il était juge plus prudent; ils étaient maîtres très-
savans; elle aurait été vierge la
plus belle; nous aurions assisté à
un combat très-douteux.

4e Version.

Erit homo sapiens; fuisset uxor
optima; sint famuli aptiores; erat
judex prudentissimus; fuisset magister doctior; erunt virgines pul-
cherrimæ; aderimus prælio maximè
dubio; fuissem homo sapientior;
sit uxor bona; es famulus aptissi-
mus; fuerint judices prudentiores;
estote magistri doctiores; erat virgo
pulchrior; adfueratis prælio magis
dubio.

§ II. VERBES ACTIFS RÉGULIERS.

Ils appartiennent à quatre conjugaisons différentes qui se distinguent
entre elles par la terminaison du présent de l'infinitif, et celle de la
seconde personne singulière du présent de l'indicatif.

1re Conj. : ā are. Comme infin. am*are*. Présent de l'indic. amo, amas.
            aimer.
2e Conj. : ĕ ere. Comme infin. mon*ere*. Prés. de l'ind. moneo, mones.
            avertir.
3e Conj. : ĕ ere. Comme infin. leg*ere*. Prés. de l'ind. lego, legis.
            lire.
4e Conj. : ī ire. Comme infin. aud*ire*. Prés. de l'ind. audio, audis.
          entendre.

Tous les verbes, même les irréguliers et les défectueux, se rapportent à ces quatre conjugaisons.

Les temps des verbes se divisent en *primitifs*, c'est-à-dire qui servent à former tous les autres; et en *dérivés*, c'est-à-dire qui sont formés des primitifs.

Les temps *primitifs* sont : le *présent de l'indicatif*, le *parfait* du même mode, le *présent de l'infinitif* et le *supin*.

Les temps *dérivés* sont tous ceux qui ne sont pas compris dans les quatre précédens.

Dans les modèles suivans, chaque temps dérivé sera précédé de la manière dont il se forme d'un temps primitif. (Le radical ne varie pas; la désinence est en caractère italique.)

Ire CONJUGAISON. — *Modèle*.

Am *are*, am *o*, am *as*, am *avi*, am *atum*, aimer.

MODE INDICATIF.
PRÉSENT.

S. (ego) Am o,   j'aime,
   (tu) Am as,   tu aimes,
(ille, illa) Am at,   il, elle aime;
P. (nos) Am amus,   nous aimons,
   (vos) Am atis,   vous aimez,
(illi, illæ) Am ant, ils, elles aiment.

IMPARFAIT.

(Il se forme de l'infinitif en changeant *re* en *bam*.)

S. Am abam,   j'aimais,
   Am abas,   tu aimais,
   Am abat,   il aimait;
P. Am abamus,   nous aimions,
   Am abatis,   vous aimiez,
   Am abant,   ils aimaient.

PARFAIT et *tous les prétérits*.

S. Am avi, j'aimai, j'ai et j'eus aimé,
   Am avisti, tu aimas, tu as et tu eus
et *Amásti* par syncope.   [aimé,]
   Am avit, il aima, il a et il eut aimé ;
P. Am avimus, nous aimâmes, etc.,
   Am avistis, vous aimâtes,
et *Amástis* par syncope.
   Am averunt et amavêre, ils aimèrent.
et *Amárunt* par syncope.

PLUSQUE-PARFAIT.

(Il se forme du parfait en changeant *i* en *eram*.)

S. Am averam et amáram, j'avais aimé,
   Am averas et amáras, tu avais aimé,
   Am averat et amárat, il avait aimé ;
P. Am averamus, nous avions aimé,
   Am averatis, vous aviez aimé,
   Am averant, ils avaient aimé.

(L'usage apprendra les autres syncopes.)

FUTUR SIMPLE.

(Du prés. de l'indic. en changeant *o* en *abo*.)

S. Am abo,   j'aimerai,
   Am abis,   tu aimeras,
   Am abit,   il aimera;

P. Am abimus, nous aimerons,
   Am abitis, vous aimerez,
   Am abunt,   ils aimeront.

FUTUR ANTÉRIEUR.

(Du parfait en changeant *i* en *ero*.)

S. Am avero,   j'aurai aimé,
   Am averis,   tu auras aimé,
   Am averit,   il aura aimé ;
P. Am averimus, nous aurons aimé,
   Am averitis, vous aurez aimé,
   Am averint,   ils auront aimé.

IMPÉRATIF.

(Il se forme de l'infin. en retranchant *re* *.)

PRÉSENT et FUTUR.

S. Am a ou am ato,   aime,
   Am ato (ille),   qu'il aime;
P. Am emus,   aimons,
   Am ate ou am atote, aimez,
   Am anto,   qu'ils aiment.

SUBJONCTIF.
PRÉSENT et FUTUR.

(Du prés. de l'indic. en changeant *o* en *em*.)

S. Am em,   (il faut) que j'aime,
   Am es,   que tu aimes,
   Am et,   qu'il aime ;
P. Am mus,   que nous aimions,
   Am etis, que vous aimiez,
   Am ent,   qu'ils aiment.

IMPARFAIT et CONDITIONNEL PRÉSENT.

(De l'infinitif en ajoutant *m*.)

S. Am arem, (il fallait) que j'aimasse et
                                j'aimerais,
   Am ares, tu aimasses ou tu aimerais,
   Am aret, il aimât ou il aimerait ;
P. Am aremus, que nous aimassions, etc.
   Am aretis, que vous aimassiez,
   Am arent, qu'ils aimassent.

---

* En retranchant ere dans dic*ere*, duc*ere*, fac*ere*, et leurs composés.

PARFAIT *ou* PRÉTÉRIT.
(Du parf. de l'ind. en changeant *i* en *erim*.)
S. Am *averim*, que j'aie aimé,
Am *averis*, que tu aies aimé,
Am *averit*, qu'il ait aimé;
P. Am *averimus*, que nous ayons aimé,
Am *averitis*, que vous ayez aimé,
Am *averint*, qu'ils aient aimé.
PLUSQUE-PARFAIT *et* CONDITION. PASSÉ.
(Du parfait de l'indic. en ajoutant *ssem*.)
S. Am *avissem*, que j'eusse et j'aurais aimé,
Am *avisses*, que tu eusses aimé, [mé,]
Am *avisset*, qu'il eût aimé;
P. Am *avissemus*, que nous eussions aimé,
Am *avissetis*, que vous eussiez aimé,
Am *avissent*, qu'ils eussent aimé.
INFINITIF.
(Nominatif du verbe et quelquefois accusatif.)
PRÉSENT *et* IMPARFAIT.
Sing. et Plur.
Am *are*, aimer, qu'il aime, qu'il aimait.
PARFAIT ET PLUSQUE-PARFAIT.
(Du parfait de l'indic. en ajoutant *sse*.)
Am *avisse*, avoir, qu'il a, qu'il avait aimé.

FUTUR SIMPLE (déclinable), acc.
(Du supin en changeant *m* en *rum*, *ram*, *rum*.)
Am *aturum*, m., *aturam*, f., *aturum*, n., (esse), devoir aimer, qu'il aimera, qu'il aimerait.
FUTUR ANTÉRIEUR (déclinable), acc.
Am *aturum*, m., *aturam*, f., *aturum*, n., (fuisse), avoir dû aimer, qu'il aura, qu'il aurait aimé.
PARTICIPE PRÉSENT (adj. de la 3e décl.)
N. Am *ans*, G. am *antis*, aimant.
PARTICIPE FUTUR (sur *doctus, a, um*).
N. Am *aturus*, m., *atura*, f., *aturum*, n., qui aimera, qui doit aimer.
SUPIN (indéclinable).
Am *atum*, à ou pour aimer.
GÉRONDIFS (indéclinables).
Am *andi*, gén., d'aimer;
Am *ando*, dat. et abl., en aimant;
Am *andum*, acc., à ou pour aimer.

N. B. La formation des temps dérivés étant à peu de chose près la même pour tous les verbes actifs réguliers, elle ne sera pas indiquée dans les modèles qui vont suivre : l'élève l'indiquera lui-même en écrivant ou en récitant les verbes à conjuguer, et signalera la différence qui existe au présent du subjonctif et au futur de l'indicatif dans les 2e, 3e et 4e conjugaisons.

Verbes de la 1re Conjugaison à conjuguer sur le modèle précédent.

Réguliers.		Irréguliers.	
Æstim are, o, as, avi, atum,	*estimer.*	Crep are, o, as, ui, itum,	*craquer.*
Ar are, o, as, avi, atum,	*labourer.*	Cub are, o, as, ui, itum,	*coucher, être couché, étendu.*
Be are,	*rendre heureux.*		
Cel are,	*cacher, céler.*	Dare, do, das, dedi, datum,	*donner.*
Cert are,	*combattre.*	Dom are, o, as, ui, itum,	*dompter.*
Clam are,	*crier.*	Fric are, o, as, ui, tum,	*frotter.*
Cre are,	*créer.*	Juv are, o, as, i, jutum,	*aider, plaire.*
Dubit are,	*douter.*		
Err are,	*errer.*	Lav are, o, as, i et avi, lautum et lotum,	*laver.*
Habit are,	*habiter.*		
Lustr are,	*parcourir.*	Mic are, o, as, ui (sans supin),	*briller.*
Mut are,	*changer.*		
Narr are,	*raconter.*	Nec are, o, as, avi et ui, atum et tum,	*tuer.*
Opt are,	*souhaiter.*		
Par are,	*préparer.*	Plic are, o, as, avi et ui, atum et itum,	*plisser.*
Rog are,	*prier.*		
Serv are,	*sauver, conserver.*	Pot are, o, as, avi, atum et um,	*boire.*
Tent are,	*éprouver.*		
Turb are,	*troubler.*	Sec are, o, as, ui, tum,	*couper.*
Vapul are,	*être battu.*	Son are, o, as, ui, itum,	*sonner.*

3.

Vibr are,	lancer.	St are, o, as, eti, atum, *être debout*.
Vituper are,	blâmer.	Ton are, o, as, ui, itum, *tonner*.
Voc are,	appeler.	Vet are, o, as, ui, itum, *défendre*,
Vor are.	dévorer.	*empêcher*.

IIe Conjugaison. — *Modèle.*

Mon *ere*, mon *eo*, mon *es*, mon *ui*, mon *itum*, avertir.

INDICATIF.

PRÉSENT.

S. (ego) Mon eo,   j'avertis,
   (tu) Mon es,   tu avertis,
   (ille) Mon et,   il avertit;
P. (nos) Mon emus, nous avertissons,
   (vos) Mon etis,   vous avertissez,
   (illi) Mon ent,   ils avertissent.

IMPARFAIT.

S. Mon ebam,   j'avertissais,
  Mon ebas,   tu avertissais,
  Mon ebat,   il avertissait;
P. Mon ebamus, nous avertissions,
  Mon ebatis,   vous avertissiez,
  Mon ebant,   ils avertissaient.

PARFAIT *et tous les prétérits*.

S. Mon ui, j'avertis, j'ai et j'eus averti,
  Mon uisti, tu avertis, etc.,
  Mon uit,   il avertit;
P. Mon uimus, nous avertîmes,
  Mon uistis, vous avertîtes,
  Mon uerunt, et mon uére, ils avertirent.

PLUSQUE-PARFAIT.

S. Mon ueram,   j'avais averti,
  Mon ueras,   tu avais averti,
  Mon uerat,   il avait averti;
P. Mon ueramus, nous avions averti,
  Mon ueratis,   vous aviez averti,
  Mon uerant,   ils avaient averti.

FUTUR SIMPLE.

S. Mon ebo.   j'avertirai,
  Mon ebis,   tu avertiras,
  Mon ebit,   il avertira;
P. Mon ebimus, nous avertirons,
  Mon ebitis,   vous avertirez,
  Mon ebunt,   ils avertiront.

FUTUR ANTÉRIEUR.

S. Mon uero,   j'aurai averti,
  Mon ueris,   tu auras averti,
  Mon uerit,   il aura averti;
P. Mon uerimus, nous aurons averti,
  Mon ueritis,   vous aurez averti,
  Mon uerint,   ils auront averti.

IMPÉRATIF.

PRÉSENT *et* FUTUR.

S. Mon e et Mon eto, avertis,
  Mon eto (ille), qu'il avertisse;
P. Mon amus, avertissons,
  Mon ete et Mon etote, avertissez,
  Mon ento, qu'ils avertissent.

SUBJONCTIF.

PRÉSENT *et* FUTUR.

S. Mon eam, (il faut) que j'avertisse,
  Mon eas,   que tu avertisses,
  Mon eat,   qu'il avertisse;
P. Mon eamus, que nous avertissions,
  Mon eatis,   que vous avertissiez,
  Mon eant,   qu'ils avertissent.

IMPARFAIT *et* CONDITIONNEL PRÉSENT.

S. Mon erem, que j'avertisse et j'avertirais,
  Mon eres,   que tu avertisses, etc.
  Mon eret,   qu'il avertît;
P. Mon eremus, que nous avertissions et nous avertirions,
  Mon eretis, que vous avertissiez, etc.
  Mon erent, qu'ils avertissent.

PARFAIT *ou* PRÉTÉRIT.

S. Mon uerim,   que j'aie averti,
  Mon ueris,   que tu aies averti,
  Mon uerit,   qu'il ait averti;
P. Mon uerimus, que nous ayons averti,
  Mon ueritis,   que vous ayez averti,
  Mon uerint,   qu'ils aient averti.

PLUSQUE-PARFAIT *et* CONDITIONNEL PASSÉ.

S. Mon uissem, que j'eusse et j'aurais averti,
  Mon uisses, que tu eusses averti, etc.
  Mon uisset, qu'il eût averti;
P. Mon uissemus, que nous eussions averti,
  Mon uissetis, que vous eussiez averti,
  Mon uissent, qu'ils eussent averti.

INFINITIF,

PRÉSENT *et* IMPARFAIT. *(sing. et pl.)*
Mon ere, avertir, qu'il avertit, avertissait.
PARFAIT *et* PLUSQUE-PARFAIT.
Mon uisse, avoir, qu'il a, qu'il avait averti,
FUTUR SIMPLE avec *esse* Accus.
          m.   f.   n.
Mon itum, am, um, devoir avertir, etc.
FUTUR ANT. avec *fuisse* Accus.
Mon iturum, am, um, avoir dû avertir.
PARTICIPE PRÉSENT.
N. Mon ens, g. mon entis, avertissant;
PARTICIPE FUTUR.
Mon iturus, a, um, qui doit avertir.
SUPIN.
Mon itum, à ou pour avertir.
GÉRONDIFS.
Mon endi, d'avertir,
Mon endo, en avertissant,
Mon endum, à ou pour avertir.

Verbes de la 2ᵉ Conjugaison à conjuguer sur le modèle précédent.

Réguliers,

Deb ere, eo, es, ui, itum,	*devoir.*
Hab ere, eo, es, ui, itum,	*avoir.*
Mer ere,	*mériter.*
Noc ere,	*nuire.*
Plac ere,	*plaire.*
Præb ere,	*fournir.*
Tac ere,	*se taire.*
Terr ere,	*effrayer.*

Sans supin.

Arc ere,	*éloigner.*
Eg ere,	*manquer.*
Jac ere,	*être couché.*
Nit ere,	*briller.*
Par ere,	*obéir.*
Sil ere,	*se taire.*
Stud ere,	*étudier.*
Tim ere,	*craindre.*

Irréguliers au supin.

Cens ere, censum,	*juger.*
Doc ere, doctum,	*enseigner.*
Misc ere, mis *et* mixtum,	*mêler.*
Ten ere, tentum,	*tenir.*
Torr ere, tostum,	*rôtir.*

Irréguliers au parfait et au supin.

Aug ere, auxi, auctum,	*augmenter.*
Cav ere, i, cautum,	*éviter.*

Del ere, evi, etum, abolir,	*effacer.*
Fav ere, vi, fautum,	*favoriser.*
Fl ere, evi, etum,	*pleurer.*
Jub ere, jussi, jussum,	*ordonner.*
Lug ere, luxi, luctum,	*pleurer.*
Man ere, si, sum,	*rester.*
Mov ere, vi, motum,	*mouvoir.*
Pend ere, pependi, pensum,	*pendre.*
Possid ere, possedi, possessum,	*posséder.*
Rid ere, risi, risum,	*rire.*
Vid ere, i, visum,	*voir.*

Irréguliers sans supin.

Ard ere, arsi,	*brûler.*
Luc ere, luxi,	*briller.*
Pav ere, pavi,	*avoir peur.*

Unipersonnels (la 3ᵉ personne du singulier seulement).

Dec ere, et, uit,	*convenir.*
Lib ere, et, uit, itum est au parfait,	*se plaire à.*
Lic ere, et, uit, itum est,	*être permis.*

(*Voyez* page 52 pœnitet, pudet, tædet, miseret, piget).

IIIᵉ Conjugaison. — *Modèle.*

Leg *ere*, leg *o*, leg *is*, leg *i*, lec *tum*, lire, choisir.

INDICATIF.

PRÉSENT.

S. (ego) Leg o,	je lis,
(tu) Leg is,	tu lis,
(ille) Leg it,	il lit;
P. (nos) Leg imus,	nous lisons,
(vos) Leg itis,	vous lisez,
(illi) Leg unt,	ils lisent.

IMPARFAIT.

S. Leg ebam,	je lisais,
Leg ebas,	tu lisais,
Leg ebat,	il lisait;
P. Leg ebamus,	nous lisions,
Leg ebatis,	vous lisiez,
Leg ebant,	ils lisaient.

PARFAIT *et tous les prétérits.*

S. Leg i,	je lus, j'ai, j'eus lu,
Leg isti,	tu lus, etc.,
Leg it,	il lut, etc.;
P. Leg imus,	nous lûmes, etc.,
Leg istis,	vous lûtes, etc.,
Leg erunt *et* Leg ere,	ils lurent.

PLUSQUE-PARFAIT.

S. Leg eram,	j'avais lu,
Leg eras,	tu avais lu,
Leg erat,	il avait lu;
P. Leg eramus,	nous avions lu,
Leg eratis,	vous aviez lu,
Leg erant	ils avaient lu.

FUTUR SIMPLE.

S. Leg am,	je lirai,
Leg es,	tu liras,
Leg et,	il lira;
P. Leg emus,	nous lirons,
Leg etis,	vous lirez,
Leg ent,	ils liront.

FUTUR ANTÉRIEUR.

S. Leg ero,	j'aurai lu,
Leg eris,	tu auras lu,
Leg erit.	il aura lu;
P. Leg erimus,	nous aurons lu,
Leg eritis,	vous aurez lu,
Leg erint,	ils auront lu.

IMPÉRATIF.
PRÉSENT et FUTUR.

S. Leg e et ito,   lis,
    Leg ito (ille),   qu'il lise ;
P. Leg amus,   lisons,
    Leg ite et itote,   lisez,
    Leg unto,   qu'ils lisent.

SUJONCTIF.
PRÉSENT et FUTUR.

S. Leg am,   (il faut) que je lise,
    Leg as,   que tu lises,
    Leg at,   qu'il lise ;
P. Leg amus,   que nous lisions,
    Leg atis,   que vous lisiez,
    Leg ant,   qu'ils lisent.

IMPARFAIT et CONDITIONNEL PRÉSENT.

S. Leg erem,   que je lusse et je lirais,
    Leg eres,   que tu lusses, etc.
    Leg eret,   qu'il lût ;
P. Leg eremus,   que nous lussions, etc.
    Leg eretis,   que vous lussiez,
    Leg erent,   qu'ils lussent.

PARFAIT ou PRÉTÉRIT.

S. Leg erim,   que j'aie lu,
    Leg eris,   que tu aies lu,
    Leg erit,   qu'il ait lu ;
P. Leg erimus,   que nous ayons lu,
    Leg eritis,   que vous ayez lu,
    Leg erint,   qu'ils aient lu.

PLUSQUE-PARFAIT et CONDITIONNEL PASSÉ.

S. Leg issem,   que j'eusse et j'aurais lu,
    Leg isses,   que tu eusses lu, etc.,
    Leg isset,   qu'il eût lu, etc. ;
P. Leg issemus,   que nous eussions lu,
    Leg issetis,   que vous eussiez lu,
    Leg issent,   qu'ils eussent lu.

INFINITIF.
PRÉSENT et IMPARFAIT.

sing. et pl.
Leg ere,   lire, qui lit, qui lisait.

PARFAIT et PLUSQUE-PARFAIT.

Leg isse, avoir lu, qu'il a, qu'il avait lu.

FUTUR SIMPLE (avec esse), accus.

m.   f.   n.
Lecturum, am, um, devoir lire, qu'il lira etc.

FUTUR ANT. (avec fuisse), accus.

Lecturum, am, um, avoir dû lire.

PARTICIPE PRÉSENT.

N. Leg ens, *g.* leg entis, lisant.

PARTICIPE FUTUR.

Lecturus, a, um, qui doit lire.

SUPIN.

Lectum, à ou pour lire.

GÉRONDIFS.

Leg endi, de lire,
Leg endo, en lisant.
Leg endum, à ou pour lire.

Verbes de la 3e conjugaison à conjuguer sur le modèle précédent.

Ag ere, o, is, egi, actum, *agir, faire.*
Al ere, o, is, ui, itum, tum, *nourrir.*
Bib ere, i, itum, *boire.*
Can ere, cecini, tum, *chanter.*
Claud ere, clausi, clausum, *fermer.*
Col ere, ui, cultum, *cultiver, honorer.*
Cred ere, idi, itum, *croire, confier.*
Curr ere, cucurri, cursum, *courir.*
Dic ere, dixi, tum, *dire, parler.*
Duc ere, duxi, tum, *conduire, mener.*
Ed ere, i, esum, estum, *manger.*
Ed ere, idi, itum, *produire, enfanter.*
Fall ere, fefelli, falsum, *tromper.*
Frangere, fregi, fractum, *rompre.*
Ger ere, gessi, gestum, *porter.*
Gign ere, genui, genitum, *produire.*
Lud ere, lusi, lusum, *jouer.*
Mitt ere, misi, missum, *envoyer.*
Nub ere, nupsi, nuptum, *se marier.*
Parc ere, peperci, itum, *pardonner.*
Pet ere, ii et ivi, itum, *demander, aller.*
Pon ere, posui, positum, *poser.*
Posc ere, poposci, itum, *demander.*
Quær ere, quæsivi, quæsitum, *chercher.*
Quiesc ere, quievi, quietum, *se reposer.*
Scrib ere, scripsi, scriptum, *écrire.*
Solv ere, i, solutum, *payer, délayer.*
Sum ere, psi, ptum, *prendre.*
Surg ere, surrexi, surrectum, *se lever.*
Tang ere, tetigi, tactum, *toucher.*
Teg ere, texi, tectum, *couvrir, protéger.*

Trah ere, traxi, tractum, *tirer, traîner.*
Veh ere, vexi, vectum, *porter.*
Vert ere, versi, versum, *tourner, traduire.*
Vinc ere, vici, victum, *vaincre.*
Viv ere, vixi, victum, *vivre.*
Ung ere, unxi, unctum, *oindre.*

Verbes en io.

Accip ere, io, is, accepi, acceptum, *recevoir.*
Cap ere, io, cepi, captum, *prendre.*
Cup ere, ivi, itum, *désirer.*
Fac ere, feci, tum, *faire.*
Fod ere, i, fossum, *fouir, creuser.*
Fug ere, i, itum, *fuir, éviter.*

Jac ere, jeci, jactum, *jeter.*
Par ere, peperi, tum, *enfanter.*
Rap ere, ui, tum, *ravir, enlever.*

Verbes en uo.

Argu ere, o, is, i, tum, *blâmer.*
Flu ere, fluxi, xum, *couler.*
Indu ere, ui, tum, *vêtir.*
Minu ere, *diminuer.*
Plu ere, *pleuvoir.*
Ru ere, tum et itum, *s'écrouler.*
Spu ere, *cracher.*
Statu ere, *établir, résoudre.*
Sternu ere, *éternuer.*
Stru ere, xi, ctum, *bâtir.*
Su ere, tum, *coudre.*
Tribu ere, *donner, accorder.*

IVe Conjugaison. — *Modèle.*

Aud *ire*, aud *io*, aud *ivi* ou *ii*, aud *itum*, *écouter, entendre.*

INDICATIF.

PRÉSENT.

S. (ego) Aud *io*, j'écoute,
(tu) Aud *is*, tu écoutes,
(ille) Aud *it*, il écoute ;
P. (nos) Aud *imus*, nous écoutons,
(vos) Aud *itis*, vous écoutez,
(illi) And *iunt*, ils écoutent.

IMPARFAIT.

S. Aud *iebam*, j'écoutais,
Aud *iebas*, tu écoutais,
Aud *iebat*, il écoutait ;
P. Aud *iebamus*, nous écoutions,
Aud *iebatis*, vous écoutiez,
Aud *iebant*, ils écoutaient.

PARFAIT et PRÉTÉRIT.

S. Aud *ivi*, j'écoutai, j'ai, j'eus écouté,
Aud *ivisti*, tu écoutas, etc.,
Aud *ivit*, il écouta ;
P. Aud *ivimus*, nous écoutâmes, etc.
Aud *ivistis*, vous écoutâtes,
Aud *iverunt* et aud *ivère*, ils écoutèrent.

PLUSQUE-PARFAIT.

S. And *iveram*, j'avais écouté,
Aud *iveras*, tu avais écouté,
Aud *iverat*, il avait écouté ;
P. Aud *iveramus*, nous avions écouté,
And *iveratis*, vous aviez écouté,
And *iverant*, ils avaient écouté.

FUTUR SIMPLE.

S. Aud *iam*, j'écouterai,
And *ies*, tu écouteras,
Aud *iet* ; il écoutera :
P. And *iemus*, nous écouterons,
Aud *ietis*, vous écouterez,
Aud *ient*, ils écouteront.

FUTUR ANTÉRIEUR.

S. Aud *ivero*, j'aurai écouté,
Aud *iveris*, tu auras écouté,
Aud *iverit* ; il aura écouté ;
P. Aud *iverimus*, nous aurons écouté,
Aud *iveritis*, vous aurez écouté,
Aud *iverint*, ils auront écouté.

IMPÉRATIF.

PRÉSENT et FUTUR.

S. Aud *i* et aud *ito*, écoute,
Aud *ito* (ille), qu'il écoute ;
P. Aud *iamus*, écoutons,
Aud *ite* et aud *itote*, écoutez,
Aud *iunto*, qu'ils écoutent.

SUBJONCTIF PRÉSENT et FUTUR.

S. Aud *iam*, que j'écoute (il faut),
Aud *ias*, que tu écoutes,
Aud *iat*, qu'il écoute ;
P. Aud *iamus*, que nous écoutions,
Aud *iatis*, que vous écoutiez,
Aud *iant*, qu'ils écoutent.

IMPARFAIT et CONDITIONNEL PRÉSENT.

S. Aud *irem*, que j'écoutasse, j'écouterais,
Aud *ires*, que tu écoutasses, etc.
Aud *iret*, qu'il écoutât ;
P. Aud *iremus*, que nous écoutassions,
Aud *iretis*, que vous écoutassiez,
Aud *irent*, qu'ils écoutassent.

PARFAIT.

S. Aud *iverim*, que j'aie écouté,
Aud *iveris*, que tu aies écouté,
Aud *iverit*, qu'il ait écouté ;
P. Aud *iverimus*, que nous ayons écouté,
Aud *iveritis*, que vous ayez écouté,
Aud *iverint*, qu'ils aient écouté.

PLUSQUE-PARFAIT et CONDITIONNEL PASSÉ.

S. Aud *ivissem,* que j'eusse ou j'aurais écouté,
Aud *ivisses,* que tu eusses écouté,
Aud *ivisset,* qu'il eût écouté ;
P. Aud *ivissemus,* que nous eussions écouté,
Aud *ivissetis,* que vous eussiez écouté,
Aud *ivissent,* qu'ils eussent écouté.

INFINITIF.

PRÉSENT et IMPARFAIT.
Aud *ire,* écouter, qu'il écoute, écoutait.

PARFAIT et PLUSQUE-PARFAIT.
Aud *ivisse,* avoir, qu'il a, qu'il avait écouté.

FUTUR SIMPLE *(esse).*
m.   ac.   f.   n.
Aud *iturum,* am, um, *devoir écouter,* etc.

FUTUR PASSÉ *(fuisse).*
Aud *iturum,* am, um, *avoir dû écouter.*

PARTICIPE PRÉSENT.
N. Aud *iens,* g. *ientis, écoutant,*

PARTICIPE FUTUR.
Aud *iturus,* ra, rum, *qui doit être écouté.*

SUPIN.
Aud *itum, à* ou *pour écouter.*

GÉRONDIFS.
Aud *iendi,*   *d'écouter,*
Aud *iendo,*   *en écoutant,*
Aud *iendum,*   *à* ou *pour écouter.*

Verbes de la 4ᵉ conjugaison à conjuguer sur le modèle précédent.

Réguliers.

Dorm *ire, io, is, ivi,* itum, *dormir.*
Garr *ire,*   *babiller.*
Lin *ire,*   *adoucir.*
Mug *ire,*   *mugir.*
Mun *ire,*   *fortifier.*
Nutr *ire,*   *nourrir.*
Obed *ire,*   *obéir.*
Pol *ire,*   *polir, embellir.*
Pun *ire,*   *punir.*
Sc *ire,*   *savoir.*

Irréguliers au parfait ou au supin.

Fuls *ire,* si, tum,   *appuyer.*
Haur *ire,* hausi, haustum, *puiser.*
(Et tous les composés de *ire,* aller, qui appartient à la 2ᵉ et à la 4ᵉ conjugaison).

Irréguliers.

Sal *ire,* ii ou ui, tum,   *sauter.*
Sanc *ire,* ivi ou ixi, citum ou ctum, *ordonner.*
Sarc *ire,* sarsi, sartum,   *coudre.*
Sent *ire,* sensi, sensum,   *sentir.*
Sep *ire,* si, tum,   *enclore.*
Ven *ire,* i, tum,   *venir.*
Ven *ire,* eo, is, ii ou ivi, venum, *être vendu.*
Vinc *ire,* vinxi, tum,   *lier.*
Ire, eo, is, ii ou ivi, itum, *aller;* imparfait *ibam,* etc. ; futur *ibo,* etc. ; participe présent, n. *iens,* g. *euntis,* etc. ; 3ᵉ personne plur. du présent de l'indicatif *eunt.*
De même *queo, je peux.*

Exercices sur les Conjugaisons. — Thèmes et Versions.

(Dans ces premiers thèmes il faut exprimer en latin les pronoms nominatifs.)

Sur am are. — Æstim are, o, as, avi, atum, *estimer.*

THÈME.

Tu estimes ; nous estimons ; elle estime ; ils estimaient ; nous estimâmes ; tu as estimé ; ils estimèrent ; vous avez estimé ; elles ont estimé ; tu avais estimé ; ils avaient estimé ; j'estimerai ; vous aurez estimé : estimons ; estime ; que nous estimions ; j'estimerais ; que tu estimasses ; elles estimeraient ; que vous estimassiez ; que nous ayons estimé ; qu'il ait estimé ; tu aurais estimé ; estimant ; devant estimer ; qu'il estimera, en estimant.

VERSION.

Æstimatis ; æstimo ; æstimant ; æstimabat ; æstimabamus ; æstimavistis ; æstimavi ; æstimaverim ; æstimavit ; æstimavere ; æstimaveratis ; æstimaveras ; æstimaverant ; æstimabunt ; æstimabis ; æstimabitis ; æstimaverint ; æstimavero ; æstimanto ; æstimetis ; æstimem ; æstimarem ; æstimaveris ; æstimaveritis ; æstimavisses ; æstimavissemus ; æstimare ; æstimaturum fuisse ; æstimaturam esse ; æstimatum ; æstimandi ; æstimans.

Thème. — Sur Mon ere. — Version.

Me*rere*, eo, es, ui, itum, *mériter*. | De*bere*, eo, es, ui, itum, *devoir*.

J'ai mérité; je mériterai; tu mérites; il mérita; nous méritons; vous méritiez; elle aura mérité; nous méritâmes; vous aviez mérité; ils ont mérité; elle avait mérité; nous mériterons; elles auront mérité; mérite; tu auras mérité; méritons; que je méritasse; j'aurais mérité; que tu mérites; elle mériterait; nous eussions mérité; que tu aies mérité; avoir mérité; qu'il méritait; qu'elle méritera; méritant; de mériter; pour mériter.

Debemus; debuit; debent; debes; debebant; debuisti; debebam; debet; debueratis; debuimus; debuero; debuistis; debebunt; debento; debuerit; debeamus; debuerint; debeas; debuissent; debuerim; debuissetis; debens; debitum; debitura; debituram fuisse; debendum; debiturum esse, debendo; debendi.

Thème. — Sur Leg ere. — Version.

Di*cere*, o, is, ixi, tum, *parler*, *dire*. | Po*nere*, o, is, posui, positum, *placer*.

Je parle; tu parleras; il parlait; nous parlerons; vous parlez; ils parlaient; elles parlent; vous parlâtes; nous parlons; elle aura parlé; tu avais parlé; je parlais; il a parlé; nous avions parlé; ils auront parlé; tu parlas; vous aurez parlé; parlons; que vous parliez; je parlerais; que tu parles; qu'ils parlassent; nous parlerions; qu'ils aient parlé; vous auriez parlé; que j'eusse parlé; nous aurions parlé; elle eût parlé; qu'ils aient parlé; vous eussiez parlé; à parler; avoir parlé; qu'elle parlera; de parler; en parlant.

Ponam; ponimus; ponetis; ponebas; posueris; posuistis; ponebat; pone; ponit; ponebamus; posui; ponito, posuero; ponet; posueram; ponis; posueramus; ponebant; ponent; posueras; posuerint; ponento; posueris; ponamus; poneret; ponat; poneretis; ponant; poneremus; posuissetis; posuerint; posueris, posuissemus; posueritis; posuisset; positum; posuisse; posituram (esse); ponendi; ponens; positurus; ponendum; positurum fuisse.

Thème. — Sur Aud ire. — Version.

Obe*dire*, io, is, ivi, itum, *obéir*. | Nu*trire*, io, is, ivi, itum, *nourrir*.

Avoir obéi; en obéissant; qui doit obéir; elle eût obéi; j'obéirais; nous eussions obéi; ils auraient obéi; que vous eussiez obéi; ils obéiraient; qu'elles aient obéi; que j'obéisse; que tu aies obéi; que vous obéissiez; qu'il ait obéi; qu'il obéît; que tu obéisses; obéissez; ils auront obéi; obéissons; j'aurai obéi; tu obéiras; tu auras obéi; elles avaient obéi; ils obéiront; tu avais obéi; il obéira; vous aviez obéi; elles ont obéi; vous obéîtes; il a obéi; tu obéissais; il obéit; vous obéissiez; nous obéissons; ils obéissaient; tu obéis.

Nutriens; nutrit; nutriendi; nutris; nutriturus; nutriunt; nutritum; nutrimus; nutrivisse; nutrio; nutrituram fuisse; nutriebant; nutrivissent; nutriebas; nutrivisses; nutriebatis; nutrivissetis; nutrivere; nutriverim; nutrivit; nutriverimus; nutrivimus; nutriret; nutrivistis; nutriveris; nutrirem; nutriveras; nutriat; nutriverant; nutrirent; nutries; nutriremus; nutrivero; nutriant; nutriunto; nutriamus; nutrite.

Récapitulation des verbes des quatre conjugaisons actives, tant réguliers qu'irréguliers. (L'élève pourra se dispenser d'exprimer en latin les pronoms nominatifs que l'on sous-entend ordinairement : il mettra au nominatif le sujet du verbe représenté par un substantif.)

Exercices sur les quatre Conjugaisons.

THÈME.	VERSION.
L'homme laboure ; il estimera; il aura crié ; il cachait ; il combattit. Les hommes habiteront ; ils ont douté ; ils avaient parcouru; ils auront erré ; Dieu crée ; il eût changé; qu'il parcoure ; il aura conservé. Les enfans prièrent ; qu'ils aient raconté ; qu'ils appelassent. Le peuple aurait ; il mérita; devant effrayer; qu'il se taise. Les filles avaient obéi ; elles étudiaient; elles craignent; qu'elles aient pleuré. Les maîtres prudens ont ordonné ; ils possèderont ; ils auront vu. Le père bienfaisant pleurera ; il aurait favorisé. Les mères bien bonnes avaient parlé ; elles conduisirent ; elles auraient demandé ; qu'elles pardonnent. Les habitans reçurent ; ils enlèvent ; qu'ils eussent bâti ; devant creuser. L'oiseau dort ; il babillera ; il avait sauté ; il nourrissait. Les soldats forts auront fortifié ; qu'ils eussent obéi ; ils sauront; ils venaient ; ils punirent. Les animaux paisibles ont senti ; ils auraient sauté ; qu'ils aillent.	Rex optavisset ; tentaverat ; vocabit ; reges vituperabunt ; servarent; mutaverint. Mulieres sanctæ dederunt ; paraverant ; fricabant ; vetant. Discipulus præbuerit ; manebit ; auxisset ; movebat. Populi felices videbunt ; lugent ; possideant. Poeta risurus ; natæ auditúræ; causa pavendi ; horæ docendi. Dux mittet ; petiverat ; scribebat ; sumpsisset ; pepercerat. Milites fortes traxerunt ; vertent; vicissent ; fugiant. Latrones improbi rapiunt ; jecerunt ; minuebant. Pauper induebat ; arguet ; tribuisset ; cupiverat. Faber faciet; facturus ; dicebat ; capiebat; statuit ; struxisset. Nautæ hauriront ; liniunt ; ibant. Famulus polivit ; fulsiebat; vinxisset ; sepserat ; ivit. Leones mugiebant ; salient ; scirent ; nutrivissent ; obediant ; veneunt ; puniverant.

§ III. VERBES PASSIFS.

Ils appartiennent, ainsi que les verbes actifs, à quatre conjugaisons que l'on distingue par la terminaison du présent de l'infinitif.

1ère Conj. *ari.* Infin., am *ari,* être aimé, am *or,* aris, atus sum *ou* fui.
2e Conj. *eri.* Infin., mon *eri,* être averti, mon*eor,* eris, itus sum *ou* fui.
3e Conj. *i.* Infin., leg *i,* être lu, leg*or,* eris, lectus sum *ou* fui.
4e Conj. *iri.* Infin., aud *iri,* être écouté, aud*ior,* iris, itus sum *ou* fui.

Excepté les temps composés, lesquels sont formés du participe passé avec un des temps du verbe *sum,* tous les autres se forment des temps correspondans de la voix active, en ajoutant *r* à ceux qui sont terminés par *o,* comme *amo,* j'aime; *amor,* je suis aimé ; *amabo,* j'aimerai ; *amabor,* je serai aimé ; *lego, legor ; audio, audior ;* et en changeant *m* en *r* dans les autres, comme *amabam,* j'aimais ; *amabar,* j'étais aimé; *moneam, monear; audirem, audirer,* etc. L'impératif est semblable à l'infinitif actif.

Les temps composés se forment de l'un des participes passés *amatus, monitus, lectus, auditus,* avec *sum* ou *fui* pour les trois prétérits; *eram* ou *fueram* pour le plusque-parfait; *ero* ou *fuero* pour le futur antérieur; *sim* ou *fuerim* pour le parfait du subjonctif; *essem* ou *fuissem* pour le plusque-parfait du même mode, ainsi qu'on le voit dans les modèles suivans. Remarquez que les verbes passifs n'ont point de gérondifs ni de participe présent; que les futurs de l'infinitif et le participe futur sont terminés par *dum, dam, dus, da, dum,* tandis qu'à l'actif ils sont terminés par *rum, ram, rus, ra, rum*; que le supin se forme de l'actif en retranchant l'*m* final, comme amatum, amatu; monitum, monitu; lectum, lectu; auditum, auditu. Remarquez aussi que dans les temps composés du participe celui-ci s'accorde en genre et en nombre avec le sujet.

Ire Conjugaison. — *Modèle.* (Le radical *am* ne varie pas.)

Am *ari,* am *or,* am atus sum *ou* fui, *être aimé.*

INDICATIF.
PRÉSENT.
S. (ego). Amor, *je suis aimé ou aimée;*
(tu). Amaris, *tu es aimé,* etc.
(ille, illa). Amatur, *il est aimé,* etc. etc.
P. (nos). Amamur, *nous sommes aimés;*
(vos). Amamini, *vous êtes aimés;*
(illi, illæ). Amantur, *ils sont aimés.*

IMPARFAIT.
S. Amabar, *j'étais aimé ou aimée;*
Amabaris *ou* re, *tu étais aimé,* etc.;
Amabatur, *il était aimé.*
P. Amabamur, *nous étions aimés;*
Amabamini, *vous étiez aimés;*
Amabantur, *ils étaient aimés.*

PARFAIT *et tous les prétérits.*
      m. f. n.
S. Amatus, a, um, sum *ou* fui, *je fus, j'ai été j'eus été aimé ou aimée;*
Amatus es *ou* fuisti, *tu fus aimé,* etc.;
Amatus est *ou* fuit, *il fut aimé.*
      m. f. n.
P. Amati, æ, a, sumus, *ou* fuimus, *nous fûmes, nous avons été, nous eûmes été aimés et aimés;*
Amati estis *ou* fuistis, *vous fûtes aimé;*
Amati sunt *ou* fuerunt *ou* fuêre, *ils furent aimés.*

PLUSQUE-PARFAIT.
S. Amatus eram *ou* fueram, *j'avais été aimé;*
Amatus eras *ou* fueras, *tu avais été aimé;*
Amatus erat *ou* fuerat, *il avait été aimé.*
P. Amati eramus *ou* fueramus, *nous avions été aimés;*
Amatis eratis *ou* fueratis, *vous aviez été aimés;*
Amati erant *ou* fuerant, *ils avaient été aimés.*

FUTUR SIMPLE.
S. Amabor, *je serai aimé;*
Amaberis *ou* abere, *tu seras aimé;*
Amabitur, *il sera aimé.*
P. Amabimur, *nous serons aimés;*
Amabimini, *vous serez aimés;*
Amabuntur, *ils seront aimés.*

FUTUR ANTÉRIEUR.
S. Amatus ero *ou* fuero, *j'aurai été aimé;*
Amatus eris *ou* fueris, *tu auras été aimé;*
Amatus erit *ou* fuerit, *il aura été aimé.*
P. Amati erimus *ou* fuerimus, *nous aurons été aimés;*
Amati eritis *ou* fueritis, *vous aurez été aimés;*
Amati erunt *ou* fuerint, *ils auront été aimés.*

IMPÉRATIF.
PRÉSENT *et* FUTUR.
S. Amare et amator, *sois aimé;*
Amator (ille), *qu'il soit aimé.*
P. Amemur, *soyons aimés;*
Amemini, *soyez aimés;*
Amentor, *qu'ils soient aimés.*

SUBJONCTIF.
PRÉSENT *et* FUTUR.
S. Amer, *que je sois aimé;*
Ameris *ou* ere, *que tu sois aimé;*
Ametur, *qu'il soit aimé.*
P. Amemur, *que nous soyons aimés;*
Amemini, *que vous soyez aimés;*
Amentur, *qu'ils soient aimés.*

IMPARFAIT *et* CONDITIONNEL PRÉSENT.
S. Amarer, *que je fusse et je serais aimé;*
Amareris *ou* arere, *que je fusse aimé;*
Amaretur, *qu'il fût aimé;*
P. Amaremur, *que nous fussions aimés;*
Amaremini, *que vous fussiez aimés;*
Amarentur, *qu'ils fussent aimés.*

PARFAIT.

S. Amatus sim ou fuerim, *que j'aie été aimé;*
Amatus sis ou fueris, *que tu aies été aimé;*
Amatus sit ou fuerit, *qu'il ait été aimé.*
P. Amati simus ou fuerimus, *que nous ayons été aimés;*
Amati sitis ou fueritis, *que vous ayez été aimés;*
Amati sint ou fuerint, *qu'ils aient été aimés.*

PLUSQUE-PARF. et CONDITIONN. PASSÉ.

S. Amatus essem ou fuissem, *que j'eusse été ou j'aurais été aimé;*
Amatus esses ou fuisses, *que tu eusses été aimé;*
Amatus esset ou fuisset, *qu'il eût été aimé.*
P. Amati essemus ou fuissemus, *que nous eussions ou nous aurions été aimés;*
Amati essetis ou fuissetis, *que vous eussiez été aimés;*
Amati essent ou fuissent, *qu'ils eussent été aimés.*

INFINITIF.
PRÉSENT *et* IMPARFAIT.

Amari, *être aimé, qu'il est, qu'il était aimé.*

PARFAIT *et* PLUSQUE-PARFAIT.

Amatum, am, esse ou fuisse, *avoir été aimé.*

FUTUR SIMPLE.

Amatum iri, *indéclinable, et* amandum, dam, esse, *devoir être aimé, qu'il sera ou qu'il serait aimé.*

FUTUR ANTÉRIEUR.

Amandum, am fuisse, *avoir dû être aimé.*

PARTICIPE PASSÉ (sur *doctus*).

Amatus, a, um, *aimé, ayant été aimé.*

PARTICIPE FUTUR (sur *doctus*).

Amandus, a, um, *devant être aimé, et qui sera aimé.*

SUPIN.

Amatu, *à ou pour être aimé.*

N. B. Les verbes à conjuguer se trouvent après le 4ᵉ modèle : on les a mêlés à dessein. L'élève, devenu plus fort, les distinguera au moyen de la terminaison de l'infinitif.

Les modèles suivans ne sont pas complets ; c'est encore pour exercer davantage l'élève, qu'on lui laisse à chercher dans son expérience ou dans le modèle précédent ce qui manque à ces verbes.

IIᵉ CONJUGAISON. — *Modèle.* (Radical *Mon.*)

Mon *eri,* mon *eor;* mon *itus* sum ou fui, *être averti.*

INDICATIF.
PRÉSENT.

S. Moneor,   *je suis averti;*
Moneris ou ere,   *tu es averti;*
Monetur,   *il est averti.*
P. Monemur,   *nous sommes avertis;*
Monemini,   *vous êtes avertis;*
Monentur,   *ils sont avertis.*

IMPARFAIT.

S. Monebar,   *j'étais averti, etc.*

PARFAIT.

S. Monitus sum ou fui, *je fus averti, etc.*

PLUSQUE-PARFAIT.

S. Monitus eram ou fueram, *j'avais été averti, etc.*

FUTUR SIMPLE.

S. Monebor,   *je serai averti, etc.*

FUTUR ANTÉRIEUR.

S. Monitus ero ou fuero, *j'aurai été averti.*

IMPÉRATIF.
PRÉSENT *et* FUTUR.

S. Monere et monetor, *sois averti.*
Monetor (ille),   *qu'il soit averti.*

P. Moneamur,   *soyons avertis;*
Monemini,   *soyez avertis;*
Monentor,   *qu'ils soient avertis.*

SUBJONCTIF.
PRÉSENT *et* FUTUR.

S. Monear,   *que je sois averti;*
Monearis ou eare, *que tu sois averti;*
Moneatur,   *qu'il soit averti.*
P. Moneamur,   *que nous soyons avertis;*
Moneamini,   *que vous soyez avertis;*
Moneantur,   *qu'ils soient avertis.*

IMPARFAIT *et* CONDITIONNEL PRÉSENT.

S. Monerer, *que je fusse et je serais averti, etc.*

PARFAIT.

S. Monitus sim ou fuerim, *que j'aie été averti, etc.*

PLUSQ.-PARFAIT *et* CONDITIONN. PASSÉ.

S. Monitus essem ou fuissem, *que j'eusse été averti, etc.*

INFINITIF.
PRÉSENT *et* IMPARFAIT.

Moneri, *être, qu'il est, qu'il était averti.*

PARFAIT *et* PLUSQUE-PARFAIT.

Monitum, am, um esse *ou* fuisse, *avoir été, qu'il a, qu'il avait été averti.*

FUTUR SIMPLE.

Monitum iri *(indécl.) et* monendum, am, um esse, *devoir être, qu'il sera, qu'il serait averti.*

FUTUR ANTÉRIEUR.

Monendum fuisse, *avoir dû être averti,* etc.

PARTICIPE PASSÉ (sur *doctus*).

Monitus, a, um, *averti, ayant été averti.*

PARTICIPE FUTUR.

Monendus, a, um, *devant être averti, qui sera averti.*

SUPIN.

Monitu, *à ou pour être averti.*

Les verbes à conjuguer sur ce modèle se trouvent après le verbe *audire.*

IIIe CONJUGAISON. — *Modèle.* (Radical *Leg.*)

Leg *i,* leg *or,* lec*tus* sum *ou* fui, *être lu.*

INDICATIF.

PRÉSENT.

S. Legor,   je suis lu ;
  Legeris *et* ere, tu es lu ;
  Legitur,   il est lu.
P. Legimur,   nous sommes lus ;
  Legimini,   vous êtes lus ;
  Leguntur,   ils sont lus.

IMPARFAIT.

S. Legebar, *j'étais lu,* etc.

PARFAIT.

S. Lectus sum *ou* fui, *je fus lu,* etc.

PLUSQUE-PARFAIT.

S. Lectus eram *ou* fueram, *j'avais été lu,* etc.

FUTUR SIMPLE.

S. Legar,   je serai lu ;
  Legeris *et* ere, tu seras lu ;
  Legetur,   il sera lu.
P. Legemur,   nous serons lus ;
  Legimini,   vous serez lus ;
  Legentur,   ils seront lus.

FUTUR ANTÉRIEUR.

S. Lectus ero *ou* fuero, *j'aurais été lu,* etc.

IMPÉRATIF.

PRÉSENT *et* FUTUR.

S. Legere *et* legitor, sois lu ;
  Legitor (ille),   qu'il soit lu.
P. Legamur,   soyons lus ;
  Legimini,   soyez lus ;
  Leguntor,   qu'ils soient lus.

SUBJONCTIF.

PRÉSENT *et* FUTUR.

S. Legar,   que je sois lu ;
  Legaris *et* are, que tu sois lu, etc.

IMPARFAIT *et* CONDITIONNEL PRÉSENT.

S. Legerer, *que je fusse lu,* etc.

PARFAIT.

S. Lectus sim *ou* fuerim, *que j'ai été lu.*

PLUSQUE-PARFAIT.

S. Lectus essem *ou* fuissem, *que j'eusse été lu.*

INFINITIF.

PRÉSENT *et* IMPARFAIT.

Legi, *être, qu'il est, qu'il était lu.*

PARFAIT *et* PLUSQUE-PARFAIT.

Lectum, am, um esse *ou* fuisse, *avoir été, qu'il a, qu'il avait été lu.*

FUTUR SIMPLE *et* CONDITIONN. PRÉSENT.

Lectum iri, *et* legendum, am, um esse, *devoir être lu, qu'il sera et qu'il serait lu.*

FUTUR ANTÉRIEUR.

Legendum, am, um fuisse, *avoir dû être lu.*

PARTICIPE PASSÉ.

Lectus, a, um, *lu, ayant été lu.*

PARTICIPE FUTUR.

Legendus, a, um, *devant être, qui sera lu.*

SUPIN.

Lectu, *à être lu.*

IVe CONJUGAISON. — *Modèle.* (Radical *Aud.*)

Aud *iri,* aud *ior,* aud itus sum *ou* fui, *être écouté.*

INDICATIF.

PRÉSENT.

S. Audior,   je suis écouté ;
  Audiris *et* ire,   tu es écouté ;
  Auditur,   il est écouté.
P. Audimur,   nous sommes écoutés ;
  Audimini,   vous êtes écoutés ;
  Audiuntur,   ils sont écoutés.

IMPARFAIT.

S. Audiebar, *j'étais écouté,* etc.

PARFAIT *et* PRÉTÉRIT.
S'. Aud*itus* sum ou fui, *je fus écouté, etc.*

PLUSQUE-PARFAIT.
S'. Aud*itus* eram ou fueram, *j'avais été écouté, etc.*

FUTUR SIMPLE.
S'. Audiar, *je serai écouté;*
Aud*ieris et iere, tu seras écouté, etc.*

FUTUR ANTÉRIEUR.
S'. Aud*itus* ero ou fuero, *j'aurai été écouté, etc.*

IMPÉRATIF.
S'. Aud*ire* et aud*itor, sois écouté;*
Auditor (*ille*) *qu'il soit écouté, etc.*

SUBJONCTIF.
PRÉSENT *et* FUTUR.
S'. Audiar, *que je sois écouté,*
Aud*iaris et iare, que tu sois écouté, etc.*

IMPARFAIT *et* CONDITIONNEL PRÉSENT.
S'. Aud*irer, que je fusse écouté, etc.*

PARFAIT.
S'. Aud*itus* sim ou fuerim *que j'ai été écouté, etc.*

PLUSQUE-PARFAIT.
S'. Aud*itus* essem ou fuissem, *que j'eusse été écouté, etc.*

INFINITIF.
PRÉSENT *et* IMPARFAIT.
Audiri, *être, qu'il est, qu'il était écouté.*

A *et* PLUSQUE-PARFAIT.
Auditum, am, um, esse ou fuisse, *avoir été qu'il a* ou *qu'il avait été écouté.*

FUTUR SIMPLE.
Auditum iri et aud*iendum*, am, um esse, *devoir être, qu'il sera écouté,*

FUTUR ANTÉRIEUR.
Aud*iendum* fuisse, *avoir dû être écouté.*

PARTICIPES.
Passé. Aud*itus*, a, um, *écouté, ayant été écouté.*
Futur. Aud*iturus*, a, um, *devant être écouté.*
Supin. Auditu, *à être écouté.*

Verbes passifs à conjuguer sur les quatre modèles précédens.

Æstim *ari, or, atus* sum, *être estimé.*
Ter *reri, eor, itus* sum, *être effrayé.*
Al *i, or, itus* sum, *être nourri.*
Pun *iri, ior, itus* sum, *être puni.*
Doc *eri, eor, tus* sum, *être instruit.*
Cre *ari, or, atus* sum, *être créé.*
Duc *i, or, tus* sum, *être conduit.*
Ten *eri, eor, tus* sum, *être tenu.*
Mun *iri, ior, itus* sum, *être fortifié.*
Jub *eri, eor, jussus* sum, *être commandé.*
Dic *ari, or, atus* sum, *être consacré.*
Haur *iri, ior,* haustus sum, *être puisé.*

Cap *i, ior, tus* sum, *être pris.*
Rog *ari, or, atus* sum, *être prié.*
Nutr *iri, ior, itus* sum, *être nourri.*
Mitt *i, or,* missus sum, *être envoyé.*
Laud *ari, or, atus* sum, *être loué.*
Fod *i, ior,* fossus sum, *être percé.*
Vor *ari, or, atus* sum, *être dévoré.*
Vinc *i, or,* victus sum, *être vaincu.*
Vinc *iri, ior, tus* sum, *être lié.*
Et les voix passives des autres verbes actifs réguliers.

Exercices sur les verbes passifs. (Exprimez les pronoms.)

1er THÈME (*un seul verbe.*)
Laud *ari, or, atus* sum, *être loué.*

Je serai loué; tu es loué; il fut loué; nous étions loués; vous aviez été loués; ils auront été loués; je suis loué; tu auras été loué; il était loué; nous sommes loués; vous fûtes loués; ils étaient loués; soyez loués; j'aurai été loué; sois loué; ils avaient été loués; soyons

1re VERSION (*un seul verbe.*)
Creari, *or, atus* sum, *être créé.*

Creati sumus; creata fuerant; creare; creantur; creabimur; creantor; creabatur; crearis; creatæ erunt; creabaris; creabitur; creamur; creatæ fuerunt; creabamini; creatur; creatus ero; creabitur; creabamur; creatæ fuerint; crearer; creetur; creatus es-

loués; qu'ils fussent loués; que tu sois loué; il serait loué; elle aurait été louée; que nous ayons été loués; loué; avoir été loué; devant être loué.

set; creati sint; creer; creati simus; creentur; creatæ fuissent; creandus; creatu; creatum iri; creatum fuisse.

2ᵉ Thème (*deux verbes*).
Doc eri, *être instruit*, al i, *être nourri.*

2ᵉ Version (*deux verbes*).
Teneri, *être tenu.* Hauriri, *être puisé.*

J'ai été instruit; tu seras nourri; il avait été instruit; ils étaient nourris; nous sommes nourris et nous serons instruits; vous aviez été nourris et vous fûtes instruits; soyons instruits et soyez nourris; qu'ils aient été nourris et que vous soyez instruits; ils auraient été nourris et elles seraient instruites; qu'elles aient été instruites et nourries; avoir été nourri et devoir être instruit; ayant été nourri et instruit.

Hauriar; teneberis; hauritur; tenebatur; haustus erat et tenetur; haurietur et tentus erit; tenere et hauritor; tenentur et haurientur; haustæ sunt et tenebuntur; teneamur et hauriemur; hauriatur et tenebitur; tentus esset et haustæ fuerint; haustum et tentum fuisse; haustu et tentum iri; hauriendam esse.

Les quatre conjugaisons réunies. N'exprimez plus les pronoms *je, tu, il*, etc.)

3ᵉ Thème.

Soyons estimés et nous serons loués; les enfans sont instruits; ils seront punis; la ville fut fortifiée et elle avait été prise; les eaux étaient puisées et elles auront été conduites; l'animal a été effrayé et il était tenu; les loups sont liés et ils auront été nourris; les victimes seraient dévorées; elles furent envoyées; Dieu était prié; qu'il soit aimé; les crimes auraient été punis; ils seront effrayés.

3ᵉ Version.

Territi sunt; vitia punientur; Deus rogaretur; amabitur; animalia missa erunt et vorabuntur; hostes victi sunt et vincti fuerant; olus dicatum est; virgines territæ fuissent; captæ fuerunt et tenentur; aqua hausta erit; poetæ laudantur et æstimabuntur; opera ducentur et munita fuerint; epistolæ mittantur; naves captæ fuissent et vinctæ essent; hostis terrebitur et teneretur; aves capientur et vorabuntur.

4ᵉ Thème.

La statue était consacrée; l'armée eût été conduite; les soldats seraient commandés; la terre sera percée; les hommes devant être pris et punis; nos présens sont envoyés; ils furent tenus; mes fruits eussent été dévorés; les livres utiles seraient consacrés; que vos sœurs soient instruites et que vos frères fussent nourris; les fils estimés et loués seront priés; nos travaux faciles à être conduits.

4ᵉ Version.

Animalia creata sunt et vorarentur; nostra anima nutrita fuerit; tuæ epistolæ missæ fuissent et tenentur; campi fossi fuerant et munirentur; fructus arborum vorati fuerint; arbores horti dicandæ; currus exercitûs ducentur; mea mater rogata est; nostri famuli nutriuntur et docentur; leges utiles mittebantur; statuæ jubebuntur et dicatæ erunt.

§ IV. — VERBES DÉPONENS.

Ils se conjuguent comme les verbes passifs, et appartiennent également à quatre conjugaisons que l'on distingue par la terminaison de l'infinitif. Ils ont de plus un participe présent, un participe futur actif, un supin actif et les trois gérondifs.

Ire CONJUGAISON. — *Modèle* : Min *ari, or, atus* sum, menacer.

INDICATIF.	*Présent.* s.	Min*or*, je menace, min*aris* et *are*, *tu*, etc.
	Imparfait.	Min *abar*, je menaçais, etc.
	Parfait.	Min *atus* sum ou fui, je menaçai, etc.
	Plusq.-parfait.	Min*atus* eram ou fueram, j'avais menacé, etc.
	Futur simple.	Min*abor*, je menacerai, etc.
	Futur antér.	Min*atus* ero ou fuero, j'aurai menacé, etc.
IMPÉRATIF.	*Présent et fut.*	Min*are* ou min*ator*, menace, etc.
SUBJONCTIF.	*Présent.*	Min*er*, que je menace, etc.
	Imparfait.	Min*arer*, que je menaçasse, etc.
	Parfait.	Min*atus* sim ou fuerim, que j'aie menacé, etc.
	Plusq.-parfait.	Min*atus* essem ou fuissem, que j'eusse menacé, etc.
INFINITIF.	*Prés. et imparf.*	Min*ari*, menacer, etc.
	Parf. et pl.q.p.	Min*atum*, am, esse ou fuisse, avoir menacé.
	Futurs actifs.	Min*aturum*, am., esse ou fuisse, devoir, avoir dû menacer.
	Participe prés.	Min*ans, antis*, menaçant, etc.
	Participe passé.	Min*atus, a, um*, ayant menacé.
	Part. fut. actif.	Min*aturus, a, um*, devant menacer.
	Part. f. passif.	Min*andus, a, um*, devant être menacé.
	Supins : actif.	Min*atum*, à menacer; passif : Min*atu*, à être menacé.
	Gérondifs.	Min*andi*, de menacer; min*ando*, en menaçant, min*ando*, à ou pour menacer.

IIe CONJUGAISON. — *Modèle.* Ver *eri, eor, itus* sum, craindre.

INDICATIF.	*Présent.*	Ver *eor*, je crains, ver*eris* et ver*ere*, tu crains, etc.
	Imparfait.	Ver *ebar*, je craignais, etc.
	Parfait.	Ver*itus* sum ou fui, je craignis, etc.
	Plusq.-parfait.	Ver*itus* eram ou fueram, j'avais craint, etc.
	Futur simple.	Ver*ebor*, je craindrai, etc.
	Futur ant.	Ver*itus* ero ou fuero, j'aurai craint, etc.
IMPÉRATIF.	*Présent et fut.*	Ver*ere* et ver*etor*, crains, etc.
SUBJONCTIF.	*Présent.*	Ver*ear*, que je craigne, etc.
	Imparfait.	Ver*erer*, que je craignisse, etc.
	Parfait.	Ver*itus* sim ou fuerim, que j'aie craint, etc.
	Plusq.-parfait.	Ver*itus* essem ou fuissem, que j'eusse craint, etc.
INFINITIF.	*Prés. et imparf.*	Ver*eri*, craindre, etc.
	Parf. et pl.q.p.	Ver*itum* esse ou fuisse, avoir craint, etc.
	Futurs actifs.	Ver*iturum*, am, esse ou fuisse, devoir et avoir dû craindre.

	Participe prés.	Verens, entis, *craignant*, etc.
	Participe passé.	Veritus, a, um, *ayant craint.*
	Part. fut. actif.	Veriturus, a, um, *devant craindre*, etc.
	Part. f. passif.	Verendus, a, um, *devant être craint.*
	Supins : actif.	Veritum, *à craindre.*
	Supin passif.	Veritu, *à être craint.*
	Gérondifs.	Verendi, *de craindre.*
		Verendo, *en craignant.*
		Verendum, *à* ou *pour craindre.*

IIIe Conjugaison. — *Modèle :* Ut *i, or,* usus sum, *employer.*

Indicatif.	*Présent.*	Utor, *j'emploie,* uteris *et* ere, *tu emploies*, etc.
	Imparfait.	Utebar, *j'employais*, etc.
	Parfait.	Usus sum *ou* fui, *j'employai*, etc.
	Plusq.-parfait.	Usus eram *ou* fueram, *j'avais employé*, etc.
	Futur simple.	Utar, *j'emploierai*, etc.
	Futur ant.	Usus ero *ou* fuero, *j'aurai employé*, etc.
Impératif.	*Présent et fut.*	Utere *et* utitor, *emploie*, etc.
Subjonctif.	*Présent.*	Utar, *que j'emploie*, etc.
	Imparfait.	Uterer, *que j'employasse*, etc.
	Parfait.	Usus sim *ou* fuerim, *que j'aie employé*, etc.
	Plusq.-parfait.	Usus eram *ou* fueram, *que j'eusse employé.*
Infinitif.	*Présent et imp.*	Ut *i, employer*, etc.
	Parf. et pl.q-p.	Usum, am, esse *ou* fuisse, *avoir employé*, etc.
	Futurs actifs.	Usurum esse *et* fuisse, *devoir et avoir dû employer*, etc.
	Participe prés.	Ut ens, entis, *employant*, etc.
	Partic. passé.	Usus, a, um, *ayant employé.*
	Part. fut. act.	Usurus, a, um, *devant employer*, etc.
	Part. fut. pas.	Utendus, a, um, *devant être employé*, etc.
	Supin actif.	Usum, *à employer.*
	Supin passif.	Usu, *à être employé.*
	Gérondifs.	Utendi, *d'employer.*
		Utendo, *en employant.*
		Utendum, *à* ou *pour employer.*

IVe Conjugaison. — *Modèle :* Ment *iri, ior, itus* sum, *mentir.*

Indicatif.	*Présent.*	Ment *ior, je mens,* mentiris *ou* ire, *tu mens*, etc.
	Imparfait.	Mentiebar, *je mentais*, etc.
	Parfait.	Mentitus sum, *je mentis*, etc.
	Plusq.-parfait.	Mentitus eram *ou* fueram, *j'avais menti.*
	Futur simple.	Mentiar, *je mentirai*, etc.
	Futur ant.	Mentitus ero *ou* fuero, *j'aurai menti*, etc.
Impératif.	*Prés. et futur.*	Mentire *et* mentitor, *mens*, etc.
Subjonctif.	*Prés.*	Mentiar, *que je mente*, etc.
	Imparfait.	Mentirer, *que je mentisse*, etc.
	Parfait.	Mentitus sim *ou* fuerim, *que j'aie menti*, etc.
	Plusq.-parfait.	Mentitus essem *ou* fuissem, *que j'eusse menti*, etc.
Infinitif.	*Prés. et imp.*	Mentiri, *mentir*, etc.

4

Parf. et pl.q.p. Mentitum esse et fuisse, *avoir menti*, etc.
Futurs actifs. Mentiturum esse et fuisse, *devoir et avoir du mentir.*
Participe prés. Mentiens, ientis, *mentant.*
Partic. passé. Mentitus, a, um, *ayant menti.*
Part. fut. act. Mentiturus, a, um, *devant mentir.*
Part. fut. pas. Mentiendus, a, um, *devant être dit contre la vérité.*
Supin actif. Mentitum, à ou *pour mentir.*
Supin passif. Mentitu, à être supposé ou dit contre la vérité.
Gérondifs. Mentiendi, *de mentir.*
Mentiendo, *en mentant.*
Mentiendum, à ou *pour mentir.*

Verbes déponens à conjuguer sur les quatre modèles précédens.

Adipisci, *or*, adeptus sum, *acquérir.*
Adulari, *or*, atus sum, *flatter.*
Conari, *or*, atus sum, *tâcher de.*
Fateri, *eor*, fassus sum, *avouer.*
Frui, *or*, fruitus sum, *jouir.*
Fungi, *or*, functus sum, *s'acquitter de.*
Gradi, *ior*, gressus sum, *marcher.*
Hortari, *or*, atus sum, *exhorter.*
Imitari, *or*, atus sum, *imiter.*
Labi, *or*, lapsus sum, *tomber.*
Lamentari, *or*, atus sum, *plaindre.*
Loqui, *or*, locutus sum, *parler.*
Meditari, *or*, atus sum, *méditer.*
Metiri, *ior*, mensus sum, *mesurer.*
Modulari, *or*, atus sum, *chanter.*
Moliri, *ior*, itus sum, *bâtir.*
Mori, *ior*, tuus sum, *mourir.*
Reri, *eor*, ratus sum, *penser.*
Nancisci, *or*, nactus sum, *trouver.*
Nasci, *or*, natus sum, *naître.*
Niti, *or*, nisus et nixus sum, *s'appuyer.*
Opinari, *or*, atus sum, *juger.*
Ordiri, *ior*, orsus sum, *commencer.*
Oriri, *ior*, ortus sum, *naître.*
Pacisci, *or*, pactus sum, *faire pacte.*
Pasci, *or*, pastus sum, *paître.*
Pati, *ior*, passus sum, *souffrir.*
Polliceri, *eor*, itus sum, *promettre.*
Potiri, *ior*, itus sum, *posséder.*
Precari, *or*, atus sum, *prier.*
Queri, *or*, questus sum, *se plaindre.*
Sequi, *or*, secutus sum, *suivre.*
Solari, *or*, atus sum, *consoler.*
Tueri, *eor*, itus sum, *voir, protéger.*
Ulcisci, *or*, ultus sum, *venger (se).*
Venari, *or*, atus sum, *chasser.*

L'élève apprendra et conjuguera de mémoire les verbes précédens, sur lesquels on ne présente ici ni thêmes, ni versions, attendu que ces exercices, en tout conformes à ceux qui ont été donnés sur les verbes passifs, n'offriraient pas de nouvelles difficultés, et seraient, par cela même, peu utiles à l'élève. Les verbes neutres déponens et autres irréguliers sont suivis de verbes à conjuguer, et les thêmes et les versions sur ces verbes sont rejetés vers la fin de cette section.

§ V. VERBES IRRÉGULIERS, DÉFECTUEUX, UNIPERSONNELS.

Composé de sum. Posse, possum.

INDICATIF. *Présent.* Possum, *je peux*; potes, potest; possumus, potestis, possunt.
Imparfait. Poteram, *je pouvais,* etc.
Parfait. Potui, *j'ai pu*; potuisti, etc.
Plusque-parfait. Potueram, *j'avais pu,* etc.
Futur simple. Potero, *je pourrai,* etc.

	Futur antérieur. Potuero, *j'aurai pu*, etc.
Subjonctif.	*Présent.* Possim, *que je puisse*, etc.
	Imparfait. Possem, *que je pusse*, etc.
	Parfait. Potuerim, *que j'aie pu*, etc.
	Plusque-parfait. Potuissem, *que j'eusse pu*, etc.
Infinitif.	*Présent.* Posse, *pouvoir. Parfait.* Potuisse, *avoir pu.*

Neutre déponent.

Gaudere, eo, es, gavisus, sum, *se réjouir.* — 2ᵉ *Conjugaison.*
(Moneo et Vereor).

Indicatif.	*Présent.* Gaudeo, *je me réjouis*, etc. *Imparfait.* Gaudebam, *je me réjouissais*, etc. *Parfait.* Gavisus sum *ou* fui, *je me suis réjoui. Plusque-parfait.* Gavisus eram *ou* fueram, *je m'étais réjoui*, etc. *Futur simple.* Gaudebo, *je me réjouirai*, etc. *Futur antérieur.* Gavisus ero *ou* fuero, *je me serai réjoui*, etc.
Impératif.	Gaude *et* gaudeto, *réjouis-toi;* gaudeto (ille), *qu'il se réjouisse;* gaudeamus, *réjouissons-nous,* gaudete, etc.
Subjonctif.	*Présent.* Gaudeam, *que je me réjouisse*, etc. *Imparfait.* Gauderem, *que je me réjouisse*, etc. *Parfait.* Gavisus sim *ou* fuerim, etc. *Plusque-parfait.* Gavisus essem *ou* fuissem, etc.
Infinitif.	Gaudere, *se réjouir;* gavisum esse *ou* fuisse, *s'être réjoui;* gavisurum esse *ou* fuisse, *devoir et avoir dû se réjouir. Participes.* Gaudens, *se réjouissant;* gavisus, *s'étant réjoui;* gavisurus, *devant se réjouir. Supins.* Gavisum *et* gavisu. *Gérondifs.* Gaudendi, *de se réjouir;* gaudendo, *en se réjouissant;* gaudendum, *pour se réjouir.*

Ainsi se conjuguent :

Solere, eo, es, solitus sum *ou* fui, *avoir coutume.*
Mœrere, eo, es, mœstus sum *ou* fui, *avoir du chagrin.*

(*Actif.*)	Audere, eo, es, ausus sum, *oser.* Celui-ci fait aussi au présent du subjonctif *sing.* ausim, ausis, ausit; *pl.* ausint.

Oportere (unipersonnel de la 2ᵉ conjugaison), *falloir.*

Indicatif.	*Présent.* Oportet, *il faut. Imparfait.* Oportebat, *il fallait. Parfait.* Oportuit, *il a fallu. Plusque-parfait.* Oportuerat, *il avait fallu. Futur simp.* Oportebit, *il faudra. Futur ant.* Oportuerit, *il aura fallu.*
Subjonctif.	*Présent.* Oporteat, *qu'il faille. Imparfait.* Oporteret, *qu'il fallût. Parfait.* Oportuerit, *qu'il ait fallu. Plusque-parfait.* Oportuisset, *il eût fallu.*
Infinitif.	Oportere, *falloir;* oportuisse, *avoir fallu.*

N. B. Après le verbe *falloir* le *que* se rend par *ut*, et le verbe suivant se met au subjonctif.

Conjuguez sur oportet :

Libere, libet, libuit *et* libitum est, *plaire, il plaît.*
Licere, licet, licuit *et* licitum est, *être permis.*
Liquere, liquet, *être clair.*

Pœnitere, pœnitet, pœnituit, *se repentir.*
Pudere, pudet, puduit *et* puditum est, *avoir honte.*
Pigere, piget, piguit *et* pigitum est, *être peiné, repentant.*
Tædere, tædet, tæduit *et* tæsum est, *être ennuyé.*
Miserere, miseret, miseruit *et* misertum est, *avoir pitié.*

Les cinq verbes *pœnitet*, *pudet*, *piget*, *tœdet*, *miseret*, s'emploient dans tous les sens, au singulier et au pluriel, avec les pronoms *me*, *te*, *le*, *illum* ou *illam*, *nos*, *vos*, *illos* ou *illas*. Ces pronoms sont à l'accusatif, parce qu'ils sont régime direct de la seconde partie de ces verbes, dont la première est le sujet ou nominatif. Par exemple, *me pœnitet* se décompose ainsi : *me pœna* ou *pœnitentia tenet*; ou *pœna tenet me*, la peine, ou le repentir tient moi, le repentir me tient; et par contraction : *me pœnitet*, je me repens; *te pœnitet*, tu te repens; *illum*, *illam pœnitet*, il, elle se repent; *nos pœnitet*, nous nous repentons; *vos pœnitet*, vous vous repentez; *illos*, *illas pœnitet*, ils, elles se repentent, etc. Il résulte de cette composition des unipersonnels *pœnitet*, etc., que les verbes dont ils sont complément se mettent à la troisième personne du singulier, attendu encore que c'est toujours la première partie des unipersonnels *pœnitet*, etc., qui en est le sujet. Ainsi, je commence à me repentir se rend en latin par *incipit me pœnitere*, ce qui équivaut à *pœna incipit tenere me*, le repentir commence à tenir moi. Cette explication s'applique aux quatre autres unipersonnels.

Salvere, avere, valere, *saluer, se porter bien.* (Défectueux de 2e.)
INDICATIF. Salvebis, *tu te porteras bien.*
IMPÉRATIF. *Présent. Sing.* Salve et salveto, *sois en bonne santé, salut;*
   pl. salvete et salvetote, etc.
   Sing. Ave et aveto, *bonjour, salut; pl.* avete et avetote, etc.
   Sing. Vale et valeto, *portez-vous bien, adieu; pl.* valete et valetote, etc.
INFINITIF. Salvere, avere, valere, *saluer, se porter bien.*

Verbes irréguliers de la 3e conjugaison.—Ferre, *porter.*

INFINITIF. *Présent. Sing.* Fero, *je porte;* fers, *tu portes;* fert, *il porte. Pl.* Ferimus, *nous portons;* fertis, *vous portez;* ferunt, *ils portent.*
  Imparfait. Ferebam, *je portais,* etc.
  Parfait. Tuli, *j'ai porté;* tulisti, etc.
  Plusque-parfait. Tuleram, *j'avais porté,* etc.
  Futur simple. Feram, *je porterai;* feres, etc.
  Futur passé. Tulero, *j'aurai porté;* tuleris, etc.
IMPÉRATIF. *Présent et futur.* Fer et ferto, *porte;* ferto (ille), *qu'il porte.*
  Feramus, *portons;* ferte et fertote, *portez;* ferunto, *qu'ils portent.*
SUBJONCTIF. *Présent.* Feram, *que je porte,* etc.
  Imparfait. Ferrem, *que je portasse,* etc.
  Parfait. Tulerim, *que j'aie porté,* etc.
  Plusque-parfait. Tulissem, *que j'eusse porté,* etc.
INFINITIF. *Présent et imparfait.* Ferre, *porter.*
  Parfait et plusque-parfait. Tulisse, *avoir porté,* etc.

Futur. Laturum *esse, devoir porter.*
— Fuisse, *avoir dû porter.*
Participes. Présent. Ferens, *portant.*
Futur. Laturus, a, um, *devant porter.*
Supin. Latum, *à porter.*
Gérondifs. Ferendi, *de porter;* ferendo, *en portant;* ferendum, *à* ou *pour porter.*

La voix passive se forme régulièrement d'après l'actif et se conjugue sur *legor*.

Conjuguez de même tous les composés de *ferre*, tels que :
Offerre, offero, obtuli, oblatum, *offrir.*
Afferre, affero, attuli, allatum, *apporter.*
Auferre, aufero, abstuli, ablatum, *ôter, enlever.*
Referre, refero, retuli, relatum, *rapporter*, et plusieurs autres qui ne diffèrent du modèle que par l'une des particules *con*, *per*, *dif*, *circum*, *in*, etc.

Irréguliers de la 3e.

Velle, *vouloir;* nolle, *ne pas vouloir;* malle, *aimer mieux.*

INDICATIF. *Présent. Sing.* Volo, *je veux;* vis, *tu veux;* vult, *il veut.* *Pl.* Volumus, *nous voulons;* vultis, *vous voulez;* volunt, *ils veulent.*

Seule différence dans nolle, *qui a un impératif :*
Nolo, *je ne veux pas;* nonvis, *tu ne veux pas;* nonvult, *il ne veut pas;* nolumus, *nous ne voulons pas;* nonvultis, *vous ne voulez pas;* nolunt, *ils ne veulent pas.*

Imparfait. Volebam, *je voulais*, etc. *Parfait.* Volui, *j'ai voulu*, etc.

Plusque-parfait. Volueram, *j'avais voulu*, etc. *Futur*, Volam, *je voudrai*, voles, *etc.*

IMPÉRATIF de Nolle. S. Noli *et* nolito, *ne veuille pas;* nolito (ille), *qu'il ne veuille pas.* Pl. Nolite *et* nolito te, *ne veuillez pas;* nolunto, *qu'ils ne veuillent pas.*

SUBJONCTIF. *Présent. S.* Velim, *que je veuille*, velis, *que tu veuilles*, velit, *qu'il veuille. Pl.* Velimus, *que nous voulions;* velitis, *que vous vouliez;* velint, *qu'ils veuillent.*

Imparfait Vellem, *que je voulusse*, etc; *parfait*, voluerim, *que j'aie voulu*, etc.

Plusque-parfait. Voluissem, *que j'eusse voulu*, etc.

INFINITIF. *Présent.* Velle, *vouloir;* parfait, voluisse, *avoir voulu.*
Participe présent. Volens, *entis, voulant.*

Malo se conjugue régulièrement et n'a point d'impératif.

Irrégulier neutre déponent. Odisse, odi, osus sum, *haïr.* Meminisse, *se souvenir.*

INDICATIF. *Présent. S.* Odi, *je hais*, odisti, *tu hais;* odit, *il hait* Memini, *je me souviens*, etc. *Pl.* Odimus, *nous haïssons;* odistis, *vous haïssez*, oderunt *et* ére, *ils haïssent.*
(De même pour *Meminisse*.)

Imparfait. Oderam, *je haïssais*, etc.; Memineram, *je me souvenais*, etc.

Parfait. Osus sum *ou* fui, *j'ai haï*, etc. (*Meminisse* n'en a pas).

Plusque-parfait. Osus eram *ou* fueram, *j'avais haï* (Idem).

Futur simple. Odero, *je haïrai*, etc.; meminero, *je me souviendrai.* (Voyez *sum.*)

Futur antér. Osus ero *ou* fuero, *j'aurai haï*, etc. (*meminisse* n'en a pas).

IMPÉRATIF de *meminisse.* Memento, *souviens-toi*; mementote, *souvenez-vous.*

SUBJONCTIF. *Présent.* Oderim, *que je haïsse*, etc.; meminerim, *que je me souvienne*, etc.

Imparfait. Odissem, *que je haïsse*, etc.; meminissem, *que je me souvinsse*, etc.

Parfait. Osus sim *ou* fuerim, *que j'aie haï* (*meminisse* n'en a pas).

Plusq.-parfait. Osus essem *ou* fuissem, *que j'eusse haï*, etc. (*meminisse* n'en a pas).

INFINITIF. *Présent.* Odisse, *haïr*; meminisse, *se souvenir.*

Parfait. Osum, am esse *ou* fuisse, *avoir osé.* (Tout ce qui suit manque pour *meminisse.*)

Futurs. Osurum esse, *devoir haïr*; osurum fuisse, *avoir dû haïr.*

Participe futur. Osurus, a, um, *devant haïr.*

Conjuguez sur *meminisse* : novisse, *connaître*; cœpisse, *commencer*, sans impératif.

Neutre déponent passif. — *Voix passive de* facere, *faire.*

Fieri, fio, fis, factus sum, *être fait ou devenir.*

INDICATIF. *Présent.* S. Fio, *je suis fait ou je deviens*; fis, *tu deviens*; fit, *il devient.* Pl. fimus, *nous devenons*; fitis, *vous devenez*; fiunt, *ils deviennent.*

Imparfait. Fiebam, *je devenais*, etc.

Parfait. Factus sum *ou* fui, *j'ai été fait ou je suis devenu*, etc.

Plusque-parfait. Factus eram *ou* fueram, *j'étais devenu*, etc.

Futur simple. Fiam, *je deviendrai*; fies, *tu deviendras*, etc.

Futur ant. Factus ero *ou* fuero, *je serai devenu*, etc.

IMPÉRATIF. S. Fi, *deviens*; Pl. fite, fitote, *devenez.*

SUBJONCTIF. *Présent.* Fiam, *que je devienne*, fias, *que tu deviennes*, etc.

Imparfait. Fierem, *que je devinsse*, etc.

Parfait. Factus sim *ou* fuerim, *que je sois devenu*, etc.

Plusque-parfait. Factus essem *ou* fuissem, *que je fusse devenu*, etc.

INFINITIF. *Présent.* Fieri, *être fait ou devenir.*

Parfait. Factum, am esse, *être devenu*, etc.

Futur simple. Factum iri et faciendum, am esse, *devoir être fait.*

Futur antérieur. Faciendum fuisse, *avoir dû être fait.*

Participes : *passé.* Factus, a, um, *fait, devenu*; *futur.* faciendus, *devant être fait.*

Supin. Factu, *à faire ou à être fait.*

(55)
Défectueux.

Aio, *je dis.*

INDIC. PRÉS. S. Aio, *je dis,*
Ais, *tu dis,*
Ait, *il dit;*
P. Aiunt, *ils disent.*
IMPARFAIT. Aiebam, *je disais, etc.*
PARFAIT. S. Aisti, *tu as dit.*
P. Aistis, *vous avez dit.*
IMPÉRATIF. Ai, *dis.*
SUBJONC. PRÉS. Aias, *que tu dises.*
Aiat, *qu'il dise.*
Aiatis, *que vous disiez.*
Aiant, *qu'ils disent.*
PARTICIPE PRÉS. Aiens, ientis, *disant.*

Quæso, *je vous prie.*

IND. PRÉS. S. Quæso, *je vous prie.*
P. Quæsumus, *nous vous prions.*

Faxo, *je ferai.*
INDICATIF FUTUR et SUBJONCTIF.
Faxo, *je ferai.*
Faxis, *tu feras et que tu fasses.*
Faxit, *il fera et qu'il fasse.*
Faxint, *qu'ils fassent.*

Inquam, *dis-je.*

INDIC. PRÉS. Inquam, *dis-je,*
Inquis, *dis-tu,*
Inquit, *dit-il.*
Inquimus, *disons-nous.*
Inquitis, *dites-vous,*
Inquiunt, *disent-ils.*
IMPARFAIT. Inquiebat, *disait-il.*
Inquiebant, *disaient-ils.*
PARFAIT. Inquisti, *as-tu dit.*
Inquistis, *avez-vous dit.*
FUTUR. Inquies, *diras-tu.*
Inquiet, *dira-t-il.*
SUBJONCTIF. Inquiat, *qu'il dise.*

REMARQUE. Tous les verbes actifs français ayant pour sujet *on* peuvent être pris impersonnellement en latin de cette manière : *amatur*, on aime ; *amatum est*, on a aimé, etc. ; *dicitur*, on dit ; *dicetur*, on dira ; *dicatur*, qu'on dise, etc. Quelques verbes neutres aussi, comme *itur*, on va ; *favetur*, on favorise, etc.

L'usage apprendra les autres irrégularités qui pourraient manquer ici.

Exercices sur les verbes irréguliers et défectueux.

1ᵉʳ THÈME.

Réjouissons-nous ; il faut que tu te réjouisses ; nous aurions eu coutume ; il sera permis aux hommes ; j'avais eu du chagrin ; le soldat osera, je me repentirai ; elles se sont repenties ; le Seigneur aurait pitié ; l'enfant commence à se repentir ; sa-
voc.
lut, monsieur, portez-vous bien ; vous avez pu et vous n'avez pas voulu ; elles haïront ; les élèves de-
n.
viendraient savans ; nous sommes devenus sages, disent-ils.

2ᵉ THÈME.
subj.
Portez, je vous prie ; fassent les
n.
dieux ; les hommes connaissaient ; ils commenceront ; le serviteur ne voulait pas ; il aurait mieux aimé ; les habitans offriront ; ils auraient apporté ; le roi ôtera, les voleurs ont enlevé ; il voudra se bien por-

1ʳᵉ VERSION.
v.
Ave, rex cœlorum ; homines sapientes, gaudete ; magistri prudentes solent ; libuit civibus ; nos pœniteret ; virgines puduisset ; illas miserebat ; viatores tœdebit ; incipit eos pigere ; salvete, heroes fortes ; avete, patres nostri ; oportebat ut fieres doctus ; nolite odisse ; potuissetis audere ; mei famuli facti sunt dociles ; fient sapientissimi ; fiant felices.

2ᵉ VERSION.

Afferte, quæsumus ; viri sancti
subj.
solent ; faxit cœlum ; libuisset regi et populus ; fratres et sorores noverant ; discipulos pigros pudebit ; incipiet eos tœdere ; nautas pœniteret ; pater et mater irati noluerunt ; filii et natæ malebant ; corvus attulisset ; hostes auferebant ; magistri volue-

ter; les poëtes s'ennuyaient; les peuples paresseux ont honte; il plaira à nos amis; les vieillards et les enfans ont eu coutume | runt referre; animal crudele non
2.   1.
fiet mite; voluit Deus, et omnia negotia facta sunt.

CHAPITRE VI. — *Des mots indéclinables.*

§ I. DE L'ADVERBE.

L'adverbe exprime plusieurs circonstances de modification; les plus fréquentes sont celles de *manière* ou de *qualité;* celles de *quantité; celles de lieu* et celles *de temps.* Un grand nombre d'adverbes dérivent des adjectifs ou des participes correspondans, tels que *doctè*, savamment, de *doctus* savant; *Utiliter*, utilement, de *utilis*, utile; *prudenter*, prudemment, de *prudens*, prudent, etc.

Nous ne donnerons pas ici la longue liste des adverbes de toute espèce et de terminaison diverse; l'usage les fera connaître aux commençans à mesure qu'ils avanceront dans l'étude pratique du latin: Ce qui leur est plus utile, c'est la formation des degrés de signification dont les adverbes sont susceptibles.

Les adverbes de manière ou de qualité ont leur comparatif semblable au comparatif neutre de l'adjectif auquel ils correspondent; ils n'en sont distingués que par l'accent grave qu'ils ont de plus, et le superlatif se forme également de l'adjectif au même degré en changeant *us* en *è*. Exemples:

Positif. *Doctè*, savamment; comp. *doctiùs*, plus savamment; sup. *doctissimè*, très-savamment.

P. *Miserè*, misérablement; comp. *miseriùs*, plus misérablement; sup. *miserrimè*, très-misérablement.

P. *Utiliter*, utilement; comp. *utiliùs*, plus utilement; sup. *utilissimè*, très-utilement.

P. *Faciliter*, facilement; comp. *faciliùs*, plus facilement; sup. *facillimè*, très-facilement.

P. *Celebriter*, d'une manière célèbre; comp. *celebriùs*, sup. *celeberrimè*, etc.

Les adverbes suivans forment leur comparatif et superlatif irrégulièrement.

P. *Benè*, bien; comp. *meliùs*, mieux; sup. *optimè*, très-bien.
P. *Malè*, mal; comp. *pejùs*, plus mal; sup. *pessimè*, très-mal.
P. *Multùm*, beaucoup; comp. *magis*, plus; sup. *maximè*, le plus.
P. *Parùm*, peu; comp. *minùs*, moins; sup. *minimè*, très-peu et nullement.

§ II. DE LA PRÉPOSITION.

Parmi les prépositions les unes veulent leur régime à l'ablatif, les autres le veulent à l'accusatif: il en est quelques unes qui régissent tantôt l'accusatif, tantôt l'ablatif selon qu'elles indiquent le mouvement, le transport vers l'objet qu'elles ont pour régime, ou tout simplement un rapport sans mouvement.

Voici les plus ordinaires dans les deux cas.

Prépositions qui veulent l'ablatif.	Prépositions qui veulent l'accusat.
In, en, dans, sur, à.	(Les quatre premières de la colonne précédente gouvernent aussi l'accusatif quand il y a mouvement.)
Sub, sous.	
Super, sur, dessus, au-dessus.	
Subter, sous.	
Cum, avec.	*Ad*, à, vers, auprès.
A ab, *abs*, de, par, à, partir de.	*Ergà*, envers, à l'égard de.
E, ex, de, par, d'après.	*Propter*, à cause de.
De, de, dessus, touchant.	*Ob*, pour, à cause de.
Sine, sans.	*Propè*, proche, près de.
Præ, avant, de préférence à.	*Juxtà*, auprès de.
Pro, pour, devant, en faveur de.	*Penès*, en, au pouvoir de.
Coram, vis-à-vis de, en présence de.	*Circùm*, autour de.
Palam, en face, en présence de.	*Secundùm*, selon, sur, auprès de
Clam, à l'insu de.	*Antè*, avant, devant.
Tenus, à partir de jusqu'à.	*Ob*, devant.
Absque, sans.	*Inter*, entre, au-dedans de.
N. B. Cum se met après son régime quand celui-ci est un pronom personnel : mecum, tecum, nobiscum, vobiscum.	*Post*, après, depuis, derrière.
	Trans, au-delà, au travers.
	Præter, au-delà, outre.
	Per, par, pendant, à travers.

§ III. DE LA CONJONCTION.

Les conjonctions lient les mots ou les phrases de diverses manières, ce qui leur a fait donner divers noms ; elle ne régissent aucun cas dans les substantifs, quoiqu'il y en ait plusieurs qui veulent le verbe suivant au subjonctif. Voici les plus ordinaires.

1° *Copulatives.*

Et, ac, atque, et.
Nec, neque, ne, ni, non.
Etiam, quoque, même, aussi.

2° *Disjonctives.*

Aut, vel, ve, ou, bien.
Sive, seu, ceu, soit, soit que.

3° *Conditionnelles.*

Dùm, dummodò, pourvu que.
Si, simodò, si, si tant est que.
Sin, ni, nisi, sinon, à moins que.

4° *Adversatives.*

Sed, at verò, autem, verum, atqui, mais.
Licet, quamquam, quamvis, quoique.
Tamen, attamen, verumtamen, cependant.
Imò, quin, imovero, mais, bien plus.

5° *Conclusives.*

Itaque, ideò, idcircò, proindè, c'est pourquoi.
Ergo, igitur, item, aussi, même, de même.

6° *Causatives.*

Nam, namque, car.
Enim, etenim, enim vero, en effet.
Quòd, quia, quoniam, parce que.
Propterea, quapropter, de plus, c'est pourquoi.
Cùm, siquidem, lorsque, puisque, attendu que.
Ut, uti, afin que, de sorte que.
Ne, neve, de peur que.
Utinam, plaise à Dieu que.

7° *Dubitatives.*

An, anne, nùm, si, est-ce que?

§ IV. DE L'INTERJECTION.

1° *Pour marquer la joie et l'admiration.*
O! ho! ah! *papæ!* ah!

Evax! bon! *hui!* ah!
Io! gloire à.

2° *Pour marquer la menace.*
Væ! Malheur à, avec le datif.
3° *Pour marquer la douleur et l'indignation.*
Hei! heu! eheu! ah! hélas!

Proh! proh! dolor! oh! ah! ô douleur!
4° *Pour marquer l'appel et l'exhortation.*
Heus! hem! ah! hola! hem! ici!
Eu! Euge! bien! allons! courage!

Exercices sur les mots indéclinables.

1ᵉʳ Thème.

Nous travaillerons utilement; les ouvriers auraient agi très-prudemment; mais ils ont vécu très-misérablement; écrivez mieux afin que vous puissiez lire très-bien. Les oiseaux ont chanté très-facilement. Ce livre est écrit plus savamment. Vous imitez très-mal. Mes amis sont dans le jardin; ils n'écoutent nullement. Les poètes de la république avaient vécu d'une manière très-célèbre.

1ᵉʳ Version.

Homines docti audiverunt optimè. Famuli servient utiliùs. Asini minimè arant. Pisces natarent faciliùs. Arbores utiles posita sunt in campo, et aves erant sub foliis. Vivite faciliùs et meliùs; minimè, inquit serpens; non moriemini; sed eritis similes Deo. Opera hujus auctoris malè scripta sunt et sine utilitate.

2ᵉ Thème.

La terre est sous le ciel. Vos livres sont sur la table. Vous viendrez sans troupeau. Je vais vers mon père. Cette ville est entre le fleuve et la montagne. Puisque vous êtes sages, réjouissez-vous. Hélas! mon fils est mort pour moi; cependant il vit dans le ciel. Malheur aux hommes paresseux. Je travaillerai avec vous, si vous voulez venir avec moi en classe.

2ᵉ Version.

Coram judicibus, loquere cum veritate. Euge! puer bone, venies ad metam. Utinam! Deus sit nobiscum. Scribam de amœnitate ruris. Væ! mihi, væ! tibi misero; nam sumus in civitate hostium. Attamen exercitus venient et liberabimus ab omnibus malis: audite ergo; mea consilia erunt vobis utilissima per viam.

N. B. Tous les mots renfermés dans les exercices qui ont été donnés jusqu'ici se trouvent dans la première partie à leur section respective. Ceux des exercices de la syntaxe qui ne s'y trouveraient pas doivent être cherchés dans un dictionnaire.

DEUXIÈME PARTIE.

SYNTAXE OU CONCORDANCE.

La syntaxe est la manière de lier ensemble les mots d'une langue. Il y en a deux: la syntaxe d'accord par laquelle les mots s'accordent en genre, en nombre, en cas, en personne; et la syntaxe de régime par laquelle un mot en régit un autre à tel cas, à tel mode.

CHAPITRE PREMIER. — *Syntaxe d'accord.*

§ I. *Accord des substantifs entre eux.*

Règle. Lorsque plusieurs substantifs désignent une seule personne, un seul et même objet, ils s'accordent en nombre et en cas. Exemples:

1ʳᵉ Thème.

Le laurier arbre, du laurier arbre, au laurier arbre. Le soleil globe et lumière. De la lune astre et flambeau. Aux fleurs plantes et ornemens. Rome ville et république; à la ville de Rome capitale. De l'Angleterre île et royaume. Aux lois garanties. du roi soldat et citoyen. Au seigneur ami et protecteur.

1ʳᵉ Version.

Quercus symbolum. Leo animal; leones animalia. Ægyptus regio et regnum. Massiliæ urbi et portui. Deo principio et fini. Esopus et Phædrus servi et auctores. Phædro et Esopo servis et auctoribus. Plantarum ornamentorum et alimentorum.

2ᵉ Thème.

A Jules César empereur et conquérant. O Virgile poète et favori! de Cicéron consul et orateur. A la ville de Versailles séjour. De Charles roi, père et libérateur. A la France nation et royaume. Le ciel patrie et récompense. O Dieu créateur père et juge. De Dieu créateur père et juge. Au seigneur prêtre et victime.

2ᵉ Version.

Urbs Syracusæ. Urbis Athenarum. Urbium Versaliarum et Lutetiæ. Regibus militibus et civibus. Aquilæ aves et vexilla. Canibus custodibus et amicis. Davidi regi et prophetæ. Abrahami pastoris et patriarchæ. Homini cineri et pulveri.

§ II. *Accord de l'adjectif avec le substantif.*

Règle. L'adjectif ou le participe s'accorde en genre en nombre et en cas avec le substantif auquel il se rapporte. S'il se rapporte à deux substantifs, il se met au pluriel; s'ils sont de différens genres il en prend le plus noble; s'ils expriment des choses inanimées il se met au neutre.

1ᵉʳ Thème.

L'étude utile et nécessaire, de l'étude utile et nécessaire, à l'étude utile et nécessaire. Par le travail constant et facile. Nous sommes heureux et pauvres. Les hommes savans sont très-modestes. Vous deviendrez grands et riches. Soyez toujours dociles et laborieux. La haine est un vice bien honteux. Votre ami est le plus aimable des hommes. Vos livres sont précieux et rares. Le père et le fils sont morts pauvres, mais contents.

1ʳᵉ Version.

Labor constans et vanus; laboris constantis et vani; labori constanti et vano. Opera Dei sunt mirabilia. Discipuli dociles fiunt docti. Mendacium est turpissimum. Pater et mater erunt gratissimi. Frater et soror fuissent amabiles. Vir et mulier fuêre prudentissimi. Gaudium et mœstitia sunt maximè contraria.

2ᵉ Thème.

Le travail et la paresse sont (choses *negotia*) très-opposés. Cette colonne et ce tableau sont des monumens précieux. Vous devenez sage et prudent. Soyez toujours amis fidèles. La paix et le bonheur furent connus dans cette maison.

2ᵉ Version.

Virgo et adolescens fuerant semper castissimi; fient beati. Leo et panthera sunt maximè formidandi. Ovis et capella, animalia innocua, sunt mitissimæ. Asinus et bos sunt animalia utilissima. Virtus amata est. Vitium turpe vitupe-

La sœur et le frère, enfans très-bons, ont imité. Le rossignol et le paon, oiseaux bien différens, ont été apportés. Le voyageur est parti bien triste; il reviendra plus joyeux. La vie est courte et incertaine.

ratum est. Hostes interfecti sunt. Lucretia et mancipium ejus fuerunt castæ.

§ III. *Accord de l'adjectif pronominal et du pronom avec le substantif.*

Règle. L'adjectif pronominal et le pronom s'accordent en genre et en nombre avec le substantif auquel ils se rapportent. Exemples :

1ᵉʳ Thème.

Le roi qui est un prince bienveillant. Mon père qui est un homme généreux. Votre mère qui est une femme très-charitable. Les temples qui sont des asiles certains. Les oiseaux dont les chants sont agréables. Votre château est antique; le mien est moderne. Nos troupeaux qui sont nombreux; les vôtres qui seront admirables. La France qui est un royaume puissant. L'empire romain qui fut célèbre. Les vertus qui sont une douce consolation.

1ʳᵉ Version.

Arator qui semper laborat. Avis rustica quæ modulatur. Scelus turpissimum quod nocet. Meus frater qui dormit. Mea mater quæ ægrotat. Meum brachium quod fert. Noster rex qui tuetur. Tuus consobrinus qui veniet. Tua opera quæ erunt perfecta. Nostris templis quæ sunt ornatissima. Lex quæ jubet.

2ᵉ Thème.

Le printemps, saison qui est très-agréable. Les animaux dont les mœurs sont douces. Vos défauts qui sont honteux et grands. Les arbres dont les feuilles et les fruits sont admirables. La charrue et le rateau, instrumens qui sont utiles. Mes reproches et mes conseils qui sont salutaires. La ville d'Athènes qui fut florissante. Lyon, votre ville natale, qui fut et qui sera toujours très-florissante. Ce fleuve qui est rapide.

2ᵉ Version.

Libri recentes qui sunt utilissimi. Fructus maturi qui erunt saluberrimi. Tua facta quæ erunt celebria. Latrones et proditores qui semper erunt similes et formidandi. Meus equus et mea vacca qui sunt utilissimi. Noster taurus et nostra juvenca qui sunt robustissimi. Algor et æstas quæ sunt maximè necessaria.

§ IV. *Accord de l'adjectif avec un infinitif.*

Règle. Tout infinitif qui, par l'analyse, devient sujet du verbe *être*, est un substantif neutre avec lequel l'adjectif doit s'accorder. Exemples :

Thème.

Il est honteux de mentir (le mentir est honteux ou une chose honteuse, *negotium turpe*). Il sera utile de travailler. Il fut toujours plus sûr de pardonner. Il était très-prudent de partir. Il avait été heureux de connaître. Il eût été avantageux de

Version.

Semper fuit periculosum adulari. Fuisset dulce amare. Erit maximè necessarium arare. Fuit acerbum castigare. Fuerit ridiculum clamare. Erat gloriosum defendere et mori. Est nobis facillimum ferre. Jucundissimum erit regnare. Ma-

posséder. Il serait dangereux de croire. Il aura été nuisible de parler. Qu'il soit bon d'écouter. Il avait été très-utile et très-agréable de voyager et de parcourir.

gis utile fuisset parere et audire. Odiosum erat fallere et nocere. Sit bonum laborare et studere.

Par la même raison l'accord a lieu avec un substantif comme à la première règle : le verbe est sujet *ou* nominatif, et le substantif complément.

Thème.

C'est un crime de voler (voler est un crime). C'était une offense de croire. Ce sera un tourment de penser. Ce fut un mal d'agir. C'était un danger très-grand d'aller et de séjourner. C'eût été une imprudence de parler; mais ce sera toujours un très-grand avantage d'écouter attentivement. Ce serait la faute la plus grave d'entreprendre et de négliger.

Version.

Mussitare est culpa. Error erit credere. Est voluptas dormire placidè. Fuisset malum accipere et non dare. Victoria fuit fugere. Esset gloria parcere et oblivisci. Sit honor pugnare fortiter. Fuerat turpitudo otiari et negligere. Esset utilitas audire attente. Est improbitas decipere aut furari.

§ V. *Accord du verbe avec le sujet.*

Règle. Le verbe s'accorde en nombre et en personne avec son sujet, soit nom, soit pronom, exprimé ou sous-entendu. S'il a deux sujets de différentes personnes, il s'accorde avec la plus noble; si le sujet est un nom collectif, le verbe peut se mettre au pluriel.

1er Thème.

Je lisais souvent et vous n'écoutiez jamais. Ton père était malade; tu étais auprès de *son* lit (son *ejus*). Les hommes sages sont heureux; ils vivent sans remords. Le roi et la reine gouvernaient avec sagesse; ils vivaient dans une paix profonde. Mon ami et moi nous sommes très-satisfaits. Vous et vos parens vous avez travaillé. Le maître, le disciple et moi nous dormions.

1re Version.

Ego miror, tu audis, ille legit. Ego loquor, tu dormis, ille ridet. Miles et cives laborant. Mater et nata meditantur. Ego et tu docebimus. Tu et frater tuus garritis. Hoc infortunium et hic eventus monebunt. Ego, mater tua, et tuus amicus morabimur. Turba semper plaudent.

2e Thème.

La multitude accourait et considérait. Toute l'armée était dans la tristesse. La foule admirait et se réjouissait. La plus grande partie vit dans le luxe et la mollesse. Un grand concours de jeunes gens fut aperçu. Le roi et le royaume, tout fut abandonné. Vous et lui craignez et soyez prudens. Fils ingrat et père inhumain, vous serez jugés sans indulgence. Soyez heureux, oncle et tante chéris.

2e Version.

Pluvia et nix nocebunt. Rex et ministri lætabantur. Hæc salix, hæc populus quæ sunt densæ, sunt etiam altissimæ. Ego et mei fratres erimus tui servi. Tu solus eris meus famulus. Nos et tui parentes peregrinati sumus; sed vos morati estis. Ego, tuus pater et tua mater cantavimus et tu audivisti.

CHAPITRE II. — *Syntaxe de régime.*

§ I. *Substantif régime d'un autre substantif.*

Règle. Lorsque deux substantifs sont joints par l'une des particules *de*, *du*, *des*, le second se met au génitif; et s'il marque une qualité quelconque, il peut se mettre à l'ablatif, en sous-entendant *cum*, avec, ou *præditus*, doué de. Exemples:

1ᵉʳ Thème.

La gloire du Seigneur est grande. Les ouvrages de l'auteur modeste sont parfaits. Vous serez le seul soutien de votre père infortuné. Le château du prince et de la famille royale était le refuge des malheureux. Rome fut toujours la capitale des nations. Le fleuve du Pô n'est pas le plus grand des fleuves.

1ʳᵉ Version.

Acervus frumenti erat maximus. Arbores sylvæ erant altissimæ. Flamma incendii fuit densa. Odor florum fuisset suavis. Rigor hiemis erit gravissimus. Morbus matris et valetudo filii sunt opus temporis. Apes sunt ornamentum horti. Virtus est via cœli, et janua paradisi.

2ᵉ Thème.

Votre mère, femme d'une bonté rare, est la protectrice des orphelins. Le plus jeune des élèves est le plus laborieux de la classe. Enfant d'un caractère aimable, soyez le modèle des enfans de votre âge. Ce vieillard d'un âge avancé est cependant d'une force de corps et d'une pénétration d'esprit bien remarquables.

2ᵉ Version.

Tua soror est mulier bonâ famâ. Iste dux est homo generis clari. Nati sunt sanguinis puri. Incolæ pagi sunt vultu læto. Milites regis erant habitûs pulcherrimi. Animalia ruris sunt solertiâ rarâ. Leo fuit semper generositate eximiâ. Asinus autem est pigritiâ et pervicacitate miris.

§ II. *Verbe régime d'un substantif.*

Règle. Lorsque l'une des particules *de*, *du*, *des*, se trouve entre un substantif de chose inanimée et un infinitif qui ne peut pas être sujet ou nominatif, et que cette particule ne peut pas se tourner par *pour que*, *afin que*, etc., cet infinitif se met au gérondif, en *di* qui est le génitif du verbe: et si le verbe est suivi d'un régime, celui-ci se met au cas que gouverne le verbe; ou bien, lorsque le verbe gouverne l'accusatif, le gérondif se change en participe en *dus*, *da*, *dum*, et se met, ainsi que son régime au génitif, avec accord. Exemples:

Thème.

L'heure de dîner; le moment de jouer. Il est temps de partir. Voici l'occasion favorable de travailler utilement. Le danger de connaître et de fréquenter les méchans. L'utilité de lire l'histoire sainte. Les moyens d'accomplir une résolution avantageuse. Voilà la saison de cueillir les fleurs et de récolter les fruits. Le mérite de pardonner. La

Version.

Cupiditas discendi. Honor superandi. Gloria pugnandi et moriendi pro patriâ. Laus regendi et ducendi. Voluntas edocendi juventutem. Desiderium hostis pugnandi. Pudor fugiendi prædam. Metus concedendæ victoriæ. Dolor parentis amittendi. Ars et rationes inveniendi felicitatem. Potestas vitiorum reprimendorum. Gaudium

nécessité de fuir le mal et de pratiquer la vertu. Soyez pour vos amis l'occasion de faire une bonne action. Le pouvoir de rendre le peuple heureux. La volonté de réprimer les passions honteuses. Le désir d'acquérir des connaissances utiles. La crainte de pécher.

accipiendi epistolam. Consuetudo officiorum negligendorum. Mœror accipiendi nuntium infaustum. Causa vituperandarum culparum.

§ III. *Substantif régime d'un adjectif avec ou sans préposition.*

Parmi les adjectifs qui ont un régime, les uns veulent le génitif et le gérondif en *di*, comme *avidus laudis*, avide de louange; *cupidus videndi*, curieux de voir; les autres veulent le génitif ou le datif indifféremment, comme *similis patris* ou *patri*, semblable à son père; d'autres qui demandent l'accusatif avec *ad*, comme *propensus*, porté à; il en est qui ne gouvernent que le datif, comme *utilis*, utile; *commodus*, avantageux; et il y en a enfin qui veulent l'ablatif, comme *plenus*, plein (que l'on trouve avec le génitif); *contentus*, content; *dignus*, digne, etc.

THÈME.

Autrefois vous étiez avides de bons livres, maintenant vous êtes désireux de choses inutiles. Soyez reconnaissans des bienfaits reçus. Nous devons être curieux de connaître les belles actions des hommes illustres. Vous serez doués de qualités rares lorsque vous deviendrez semblables à ce vénérable vieillard qui est allié au roi. Cet enfant est plein de bons sentimens; il est égal à cet élève laborieux. L'étude est très-utile aux enfans qui veulent devenir savans. Si vous suivez les conseils de votre oncle, homme patient dans l'infortune, vous serez digne de la confiance de vos concitoyens et vous serez content de votre sort. Ce maître est porté à la douceur et à l'indulgence.

VERSION.

Hi discipuli erant studiosi bonorum librorum. Istæ vestes sunt similes mearum. Duces et milites sunt avidissimi præliorum. Imperator Nero erat proclivis ad crudelitatem. Otium et labor sunt commoda sanitati. Galli assueti laboribus non erant expertes virtutis. Ovis fuit patiens injuriæ; lupus autem erat avidus cædis. Hæc animalia sunt digna nostrâ attentione. Faber qui rudis est suæ artis, non est idoneus labori. Sumus omnes avidi cognoscendi. Nunquàm erimus contenti nostro habitu. Estote digni laudibus nostris.

§ IV. *Verbe régime d'un adjectif au moyen d'une préposition, ou sans préposition.*

Quelques adjectifs, qui marquent un penchant, une inclination, une aptitude, sont suivis d'un verbe à l'infinitif, comme *pronus ad parcendum*, porté à pardonner; *aptus ad laborandum*, propre à travailler; *dignus laudari*, digne d'être loué. Les uns veulent le gérondif en *do* avec ou sans préposition : de retour de chasser, *redux à venando*; accoutumé à travailler, *assuetus laborando* : les autres le gérondif en *dum* avec la préposition *ad*; et il y en a qui veulent seulement le présent de l'infinitif; d'autres le supin en *u* (*mirabile visu*).

Thème.	Version.
Le père de famille est porté à pardonner. Ces enfans sont propres à travailler. Nous serons accoutumés à lire. Vous étiez digne d'être aimé. Votre ami est de retour de se promener. Ce spectacle est admirable à voir. Cette affaire était difficile à comprendre. Les bœufs sont accoutumés à labourer. Les généraux seront de retour de combattre. Vous êtes indignes d'être récompensés. Il faut que nous soyons aptes à étudier. Les habitans des champs sont portés à travailler. Tous les hommes sont enclins à mentir. Cet ouvrage était difficile à terminer. Soyez portés à pardonner et vous serez dignes d'être loués.	Vir probus est pronus ad opitulandum. Princeps erat assuetus ignoscendo. Hæc planta est apta ad sanandum morbos. Semper eritis digni amari. Hæc domus est mirabilis visu. Hæc veritas erat difficillima inventu. Nostri discipuli sunt semper parati ad ludendum. Magistri erunt proni ad obliviscendum culpas discipulorum. Homines non sunt omnes nati ad arma : sed omnes apti sunt ad laborandum et ad colendum virtutem. Rex est redux à venando et à peragrando saltus (peragrandis saltibus).

§ V. *Substantif ou pronom régime d'un comparatif.*

Règle. Après un comparatif exprimé par un seul mot latin, le *que* conjonctif peut ne pas être exprimé par *quàm*, et alors le nom ou pronom se met à l'ablatif, et devient régime de la préposition *præ* sous-entendue. En exprimant le *que* par *quàm*, on met après même cas que devant.

Thème.	Version.
Le lion est plus généreux que les autres animaux. Vous êtes plus savant que votre frère. Ce poète est plus habile que cet orateur. Nous sommes plus pieux que les habitans de cette ville. Ce général fut toujours plus habile et plus courageux que les autres; mais il était moins indulgent envers les soldats. Il faudra que vous soyez plus laborieux que vos condisciples. Devenez plus sage que votre cousin. Cette bonne mère est plus malheureuse que nous. La vertu sera toujours plus précieuse que les richesses. La médiocrité est plus sûre qu'une grande fortune.	Cervus est fortior caprâ. Populus est celsior quàm salix. Hoc consilium fuit nobis utilius quàm jucundius. Canis est fidelior quàm feles. Oves sunt innocentiores quàm lupi. Hæc opera breviora sunt nostris. Hortus mei amici latior est agro isto. Urbs hæc est antiquior pago nostro. Debemus esse sapientiores nostris majoribus. Oratores romani erant eloquentiores quàm legati Galliarum. Milites græci erant peritiores militibus barbarorum. Hæc statua est elegantior hoc busto. Aurum non est pretiosius sed est utilius adamante; at ferrum magis est necessarium. Rana non erat latior bove. Æneas erat sincerior Græcis.

§ VI. *Régime du verbe actif.*

Règle. Tout verbe actif veut son régime direct à l'accusatif.

1er Thème.

Nous aimons Dieu, nos parens et nos amis; nous devons aimer aussi nos ennemis. Avertissez les enfans indociles, et récompensez les écoliers laborieux. Vous avez lu de belles histoires, et vous avez vu des monumens précieux. Recevez la promesse d'une amitié sincère. Nous entendrons bientôt un très-beau discours. Nous connaissons l'auteur qui a composé ce livre.

2e Thème.

Votre frère a reçu la lettre que j'ai envoyée. Il la lira et la conservera précieusement. Appelez vos condisciples; apportez les livres que vous avez achetés; récitez la leçon que vous avez apprise, et recevez la récompense que j'ai promise. Mangez les fruits que j'ai cueillis. Cet aliment rétablira votre santé que les travaux ont altérée.

1re Version.

Deus videt ac regit res humanas. Fortuna juvat audentes. Fulmina feriunt summos montes. Nox humida abstulit cœlum. Sæpe insania mutat mentem hominum. Ante pœnam timor occupat sontem. Multa incommoda circumveniunt senem. Virtus parit gloriam. Timor arguit animos degeneres. Dii (ut) secundent nostra incœpta. Aquilæ feroces non progenerant columbam.

2e Version.

Cura vitiosa scandit naves æratas. Omnia vitia pugnant contra naturam. Malus pudor stultorum celat ulcera incurata. Legemus libros quos emisti. Misimus epistolam quam scripsisti. Vidimus eximiam tabellam pictoris et laudavimus eam. Levamentem quam amici sane fideles turbant. Accipiemus mercedem quam Deus promisit. Colite Deum, patriam et principem.

§ VII. *Double régime des verbes actifs, avec ou sans préposition.*

Règle. Beaucoup de verbes actifs, indépendamment de leur régime direct, en ont un second, appelé indirect, qui se met ou au datif, ou à l'accusatif avec *ad* ou *in*, ou à l'ablatif avec l'une des prépositions *à*, *ab*, *e*, *ex*.

Thème.

J'ai donné une récompense à l'enfant laborieux. Vous refusez un service aux hommes ingrats. Envoyez ces présens à votre aïeul, homme vénérable. Vous écrirez demain une longue lettre à vos amis qui vous répondront. Il faut que vous alliez au ruisseau ou à la fontaine. Venez avec moi à la ville. Vous voudriez aller en Italie. Les matelots ont jeté le corps de ce jeune homme dans la mer. Ils ont porté les fleurs aux champs et ils les ont plantées dans le jardin. Empruntez un livre à votre ami qui apporte une bibliothèque de la ville. Je vous ai délivrés du danger. Nous recevons une lettre du Roi.

Version.

Timor addit alas pedibus. Dedi præmium discipulo docili. Ferte munera regi vestro. Nuntiate hoc infortunium civibus. Homo ad quem scripsisti epistolam, tibi rescribet. Venite mecum ad concionem sacram. Brevi ibimus Romam, in Italiam. Judices miserunt sontes in vincula, et hi infelices mortui sunt in carcere. Petite gratiam à Deo, et concedet eam vobis. Redeo ex urbe et nunc eorus. Salvator liberavit nos à morte æternâ. Narraverunt somnia Josepho qui interpretavit ea. Rex accessivit Josephum et credidit ei curam regni. Accipite spiritum sanctum. Ite, docete omnes gentes; remittite peccata eis.

§ VIII. *Régime des verbes neutres, et neutres déponens.*

La plupart des verbes neutres, tels que *studere*, étudier; *favere*, favoriser; *nocere*, nuire; ainsi que *timere*, craindre pour; *opitulari*, secourir; *gratulari*, féliciter, veulent le datif: *gaudere*, *lætari*, se réjouir, et les déponens *fungi*, s'acquitter; *frui*, jouir; *vesci*, se nourrir; *uti*, se servir, etc., demandent l'ablatif.

Thème.

L'enfant docile étudiera ses leçons. Il obéira toujours aux maîtres. Le prince favorise les sciences et les arts. L'homme méchant aime à nuire aux autres. Un père et une mère craignent pour la santé d'un fils chéri. Nous devons secourir les malheureux. Le gouverneur de la ville a félicité les citoyens. Réjouissez-vous de cette nouvelle. Nous nous sommes acquittés de nos devoirs. Les sauvages se nourrissent de plantes et d'animaux. Les rois se sont servis des moyens les plus propres à favoriser le commerce et l'agriculture; et les peuples se sont réjouis de cette bonté, de cette libéralité inépuisable.

Version.

Deus favebit semper hominibus justis. Oportet indulgere juvenibus. Nolite nocere aliis. Hæc bona mater timebat suo puerulo. Oportet ut studeas tuis lectionibus. Cives ditissimi opitulati sunt miseris. Non ignara mali disco succurere miseris. Inserviebam tuis commodis. Servite Domino in lætitiâ. Functi sumus munere nostro. Lætati sunt valdè reditu solis. Romani gratulati sunt victoriam Scipioni. Utere fructibus omnium arborum paradisi. Noli timere vitæ tui patris. Deus favebit tibi. Discipuli debent studere ediscendis et fungi pensis quæ data sunt eis.

§ IX. *Régime des verbes déponens.*

Plusieurs verbes déponens gouvernent l'accusatif.

1er Thème.

Les enfans sages imiteront les exemples des pères prudens. Le précepteur avait exhorté les disciples. Les ennemis méditaient une attaque nocturne. Vos ancêtres ont mesuré ce champ fertile. Les oiseaux du ciel chantent la gloire du créateur de l'univers. Vous trouverez un vieillard qui souffre la pauvreté. Le Seigneur promit un sauveur que les hommes ont admiré.

1re Version.

Mœror sequitur. Forsan melior fortuna sequetur miseros. Adepti sumus gloriam immortalem. Coacti sunt fateri stultitiam. Meditamini consilia utilia. Arator mensus est campos suos. Meditaris musam sylvestrem. Poeta modulabatur carmina. Præceptor pollicitus est mercedem nobis. Sequitor vestigia patris. Nunquam ultus est injurias.

2e Thème.

Priez Dieu, maître de toutes choses. Le souverain juge sondera nos pensées les plus secrètes. Vous avez suivi les traces du voyageur. Consolez les malheureux qui souffrent des privations très-grandes. Hommes avares, attestez la vanité des biens de ce monde. L'armée protégera les citoyens paisibles.

2e Version.

Orsus est magnum opus. Precare Deum et venerare tuos parentes. Debemus solari infortunia captivorum. Milites aggressi sunt obsidionem urbis. Recordamini tempora novissima et nunquam obliviscimini rationem adipiscendi vitam æternam. Secuti estis consilia quæ visa sunt utilia. Deus largitus est

Nous avons craint la guerre et la famine. Ne vengez pas les injures reçues.

§ X. *Régime des verbes passifs.*

Le régime des verbes passifs se met à l'ablatif avec *à* ou *ab*, lorsqu'il exprime une chose animée, et sans préposition dans le cas contraire.

1ᵉʳ Thème.

Les sciences sont cultivées par une jeunesse studieuse. L'homme vertueux sera loué par les hommes méchans. Ce château a été bâti par mon père. Cette chaumière fut construite par votre aïeule. L'armée romaine fut vaincue par les Gaulois. La ville de Rome fut prise et fut pillée par les Barbares. Ces arbres seront coupés par le bûcheron.

2ᵉ Thème.

Ce palais a été détruit par l'incendie. Vos amis sont affligés de cette nouvelle. Ces récoltes ont été détruites par la pluie et la grêle. Cette ville fut submergée par les eaux. La terre est ranimée par la chaleur du soleil. Nous sommes créés par la puissance de Dieu, et nous sommes conservés par la bonté de ce père très-bon. Les instans de la vie sont marqués par la peine et le plaisir.

1ᵉʳᵉ Version.

Mundus creatus est à Deo potente. Opera hæc scripta sunt ab auctore doctissimo. Duces peritíssimi capti sunt ab hostibus. Oratio hæc habita est ab oratore eloquentissimo. Omnia reguntur à Providentiâ. Artes inventæ sunt ab hominibus studiosis. Pallatium regis constructum est ab opificibus peritis.

2ᵉ Version.

Pater et filii afficiuntur mœrore. Superabimur necessitate. Iste pastor rumpitur invidiâ. Avis hæc vincitur formâ et magnitudine, at non vincitur cantu. Omnia absumpta sunt diluvio. Hæ segetes destructæ sunt imbribus et vento. Gentes exterritæ sunt monstris horrendis. Gloria Dei enarratur cœlis et terrâ.

§ XI. *Verbe régime d'un autre verbe.*

Règle. Après un verbe de repos l'infinitif français qui suit se met en latin à l'infinitif présent : après un verbe de mouvement le second se met au supin, ou au gérondif en *dum* avec *ad*, ou au gérondif avec *causâ*, ou au participe futur s'accordant avec le nominatif, ou au subjonctif avec *ut*.

Thème.

Nous aimons tous à parler. L'orateur voulut commencer, mais il ne put terminer son discours. Je souhaite partir bientôt. Vous désirez connaître les moyens les plus faciles. Venez entendre un chant héroïque. Nous irons visiter les tableaux de la galerie royale. Revenez prendre vos livres et vos cahiers. Les savans professeurs sont partis pour découvrir le prodige étonnant. Ils reviendront communiquer

Version.

Debemus legere atque meditari historiam populorum. Possum acquire famam honestam. Volumus cognoscere facta aliorum. Statui custodire mandata Dei. Eamus unà ambulatum. Venite, amici, spectatum nugas difficiles. Viatores profecti sunt invisuri monumenta urbis Athenarum. Venistis ad explorandum loca parùm munita. Abiit latro, ut spoliaret incolas pagi. Senes et juvenes ibant audi-

le résultat des recherches faites. Allez secourir cette famille qui gémit dans la misère. Vous venez, sans doute, admirer nos contrées et les productions de notre sol. turi orationem Proficiscar invisurus parentes et amicos meos. Ibimus ab emendum annonam. Veniunt studendi causâ et ut faveant laboribus incœptis.

§ XII. *Prépositions régissant, quoique sous-entendues, l'accusatif ou l'ablatif.*

Il y a un grand nombre de régimes dont la cause n'est pas sensible au premier abord, et qui n'en reconnaissent pas d'autre que l'une des prépositions *à, ab, è, ex, secundum, ob, ad, in, præ, per, pro, sub*; c'est ce qui arrive surtout dans la poésie.

Version.

Juno avertit regem Teucrorum Italia(ab). Arcebat eos Latio(ab). Dea volutans talia corde (in) flammato. Venit Æoliam (in). Venti, agmine (ab) facto, ruunt. Parentes docuêre me augurium (secundùm). Arrecti animum (secundùm) his dictis. Similis Deo os et humeros (secundùm). Te duce (sub) Romam (in) perveni. Ille subnixus mentum (secundùm) mitrâ. Alloquitur sic Mercurium (ad). Videtur ire viam (per). Regnavit Romulus multos annos (per). Omnis gens epulata novem dies (per). Sepes depasta florem (secundùm) salieti suadebit inire somnum (in). Nuda genu (ad) et collecta nodo sinus fluentes (secundùm). Mater tulit sese obviam silvâ mediâ (in).

On pourrait donner plus d'étendue aux exercices précédens, si l'élève, après les avoir exécutés et appris par cœur, n'était pas capable de passer à de plus grandes difficultés. Il est probable qu'arrivé à la fin de ces rudimens, il possédera parfaitement les déclinaisons et les conjugaisons, et aura retenu un très-grand nombre de mots dans les deux langues. Notre expérience nous a convaincu qu'on peut avec confiance, au sortir de ces élémens, faire traduire à l'élève l'*Epitome* de Lhomond et même le *de Viris*, et lui donner des thêmes de septième. Les professeurs auront égard au degré de force des élèves.

VOCABULAIRE,

FRANÇAIS-LATIN,

Des mots contenus dans les THÈMES DU RUDIMENT.

ABRÉVIATIONS : — *s.* substantif.— *adj.* adjectif. — *adv.* adverbe. — *v.* verbe. — *prép.* préposition. — *pl.* pluriel. — *m.* masculin. — *f.* féminin. — *n.* neutre. — *dép.* déponent. — *act.* actif. — *acc.* accusatif. — *ab.* ablatif. — *dat.* datif.

A

A, *prép.* ad. *avec l'acc.*
Abandonner, *v.* deser-ere, o, is, ui, tum. *act.*
Abrégé, *s.* epitom-e, es. *f.*
Accourir, *v.* accurr-ere, o, is, ri, sum. *n.*
Acheter, *v.* em-ere, o, is, i, ptum. *act.*
Acquérir, *v.* acquir-ere, o, is, sivi, situm. *act.*
Acquitter (s'). fung-i, or, ctus-sum. *n. ab.*
Action, *s.* actio, nis. *f.*
Admirable, *adj.* admirabil-is, is, e.
Admirer, *v.* mir-ari, or, atus sum. *dép. acc.*
Adroit, *c. adj.* soler-s, tis.
Affaire, *s.* negoti-um, i. *n.*
Affligé, *adj.* mœren-s, tis.
Age, *s.* æta-s, tis. *f.*
Agir, *v.* ag-ere, o, egi, actum. *n. et act.*
Agneau, *s.* agn-us, i. *m.*
Agréable, *adj.* jucund-us, a, um.
Agriculture, *s.* agricultur-a, æ. *f.*
Aieul, *s.* av-us, i. *m.*
Aimable, *adj.* amabil-is, is, e.

A

Air, *s.* aer, is. *m.*
Alcide, *n. prop.* Alcid-es, æ. *m.*
Aliment, *s.* cib-us, i. *m.*
Aller, *v.* ire, eo, is, ivi, itum. *neut.*
Allié, *adj.* affin-is, is, e. *ad j.*
Altérer, *v.* affic-ere, io, eci, ectum. *act.*
Ame, *s.* anim-a, æ. *f.*
Ami, *s.* amic-us, i. *m.*
Amitié, *s.* amiciti-a, æ. *f.*
Ancêtres, *s. pl.* major-es, um. *m. pl.*
Ane, *s.* asin-us, i. *m.*
Anesse, *s.* asin-a, æ. *f.*
Animal, *s.* animal, is. *n.*
Année, *s.* ann-us, i. *m.*
Antique, *adj.* antiqu-us, a, um.
Antoine, *n. p.* Antoni-us, i. *m.*
Antre, *s.* antr-um, i. *n.*
Apercevoir, *v.* tu-eri, eor, itus sum. *dép. acc.*
Apparence, *s.* speci-es, ei. *f.*
Appeler, *v.* voc-are, o, avi, atum. *act.*
Apporter, *v.* affer-re, o, attuli, allatum. *act.*
Apprendre, *v.* disc-ere, o, didici, itum. *act.*

Apte, *adj.* apt-us, a, um.
Arbre, *s.* arbor, is. *f.*
Arcadien, *s. p.* Arca-s, dis. *m.*
Argent, *s.* argent-um, i. *n.*
Armée, *s.* exercit-us, ûs. *m.*
Art, *s.* ar-s, tis. *f.*
Asile, *s.* refugi-um, i. *n.*
Astre, *s.* astr-um, i. *n.*
Athènes, *s. p.* Atheu-æ, arum. pl. *f.*
Attaque, *s.* aggressio, nis. *f.*
Attester, *v.* testific-ari, or, atus sum. *dép. acc.*
Aulne, *s.* auln-us, i. *f.*
Aussi, *adv.* etiam. quoque.
Auteur, *s.* auctor, is. *m.*
Autre, *adj.* ali-us, a, ud. *adj.*
Autrefois, *adv.* olim.
Avancé, *adj.* (âge.) provect-us, a, um.
Avare, *adj.* avar-us, a, um.
Avantage, *s.* do-s, tis. *f.*
Avantageux, *adj.* commod-us, a, um.
Avec, *prép.* cum. *abl.*
Avertir, *v.* mon-ere, eo, es, ui, itum. *act.*
Avoir, *v.* hab-ere, eo, es, ui, itum. *act.*

B.

Barbares (*les*), *n. dép.* Barbar-i, orum. *pl.*
Base, *s.* bas-is, is. *f.*
Bâtir, *v.* ædific-are, o, avi, atum. *v. act.*
Beau, *belle*, *adj.* pulch-er, ra um.
Beau-père, *s.* socer, i. *m.*
Bélier, *s.* arie-s, tis. *m.*
Berceau, *s.* cun-æ, arum. *f.* pl.
Berger, *s.* pastor, is. *m.*
Bibliothèque, *s.* bibliothec-a, æ. *f.*
Bien, *s.* bon-um, i. *n.*
Bien, *adv.* benè.
Bientôt, *adv.* brevi. *adv.*

Bienveillant, *adj.* benevol-us, a, um.
Blanc, *che*, *adj.* alb-us, a, um.
Blessure, *s.* vuln-us, eris. *n.*
Bois, *s.* nem-us, oris. *n.*
Bon, *ne*. *adj.* bon-us, a, um.
Bonheur, *s.* felicita-s, tis. *f.*
Bonté, *s.* bonita-s, tis. *f.*
Borée, *s.* Bore-as, æ. *f.*
Bouc, *s.* hirc-us, i. *m.*
Bouffon, *s.* scurr-a, æ. *m.*
Bourg, *s.* pag-us, i. *m.*
Bûcheron, *s.* frondator, is. *m.*

C.

Capitale, *s.* cap-ut, itis. *n.*
Caractère, *s.* indol-es, is. *f.*
Carnage, *s.* cæd-es, is. *f.*
Casaque, *s.* clamy-s, dis *ou* dos. *f.*
Cause, *s.* caus-a, æ. *f.*
Célèbre, *adj.* celeb-er, ris, re.
Cependant, *conj.* tamen.
Certain, *e. adj.* cert-us, a, um.
César, *n. p.* Cæsar, is. *m.*
Chaîne, *s.* caten-a, æ. *f.*
Chaleur, *s.* calor, is. *m.*
Chancre, *s.* canc-er, ri. *m.*
Chant, *s.* cant-us, ûs. *m.*
Charbon, *s.* carbo, nis. *m.*
Charitable, *adj.* benefic-us, a, um.
Charles, *n. p.* Carol-us, i. *m.*
Charrue, *s.* aratr-um, i. *n.*
Château, *s.* castell-um, i. *n.*
Chaumière, *s.* cas-a, æ. *f.*
Chef, *s.* du-x, cis. *m.*
Chemin, *s.* vi-a, æ. *f.*
Chêne, *s.* querc-us, ûs. *f.*
Chéri, *e. adj.* car-us, a, um.
Chose, *s.* res, rei. *f.*
Cicéron, *n. p.* Cicero, nis. *m.*
Ciel, *s.* cœl-um, i. *n.* Cœl-i, orum. *m.* pl.
Citoyen, *s.* civi-s, is. *m.*
Classe, *s.* schol-a, æ. *f.*
Client, *s.* clien-s, tis. *m.*
Cocher, *s.* aurig-a, æ. *m.*
Cohorte, *s.* cohor-s, tis. *f.*

VOCABULAIRE.

Colère, s. ir-a, æ. f.
Colline, s. coll-is, is. m.
Colonne, s. column-a, æ. f.
Combattre, v. pugn-are, o, avi, atum. act.
Commencer, v. incip-ere, io, epi, eptum. act.
Commerce, s. commerci-um, i. n.
Communiquer, v. trad-ere, o, is, idi, itum. act.
Composer, v. compon-ere, o, sui, situm. act.
Comprendre, v. intellig-ere, o, exi, ectum. act.
Concitoyen, s. civ-is, is. m.
Concours, s. concurs-us, ûs. m.
Confiance, s. fiduci-a, æ. f.
Connaissance, s. cognitio, nis. f.
Connaître, v. cognosc-ere, o, ovi, itum. act.
Conquérant, s. domitor, is. m.
Conseil, s. consili-um, i. n.
Conserver, v. serv-are, o, avi, atum. act.
Considérer, v. spect-are, o, avi, atum. act.
Consolation, s. solati-um, i. n.
Constant, e, adj. constan-s, tis.
Constantinople, n. p. Constantinopol-is, is. f.
Convive, s. conviv-a, æ. f.
Côté, s. latus, eri-s. n.
Content, e, adj. content-us, a, um.
Contrée, s. regio, nis. f.
Coup, s. ict-us, ûs. m.
Couleuvre, s. colub-er, ri. m.
Couper, v. amput-are, o, avi, atum. n.
Courageux, se. adj. fort-is, is, e. adj.
Court, e, adj. brev-is, is, e.
Craindre, v. tim-ere, eo, es, ui. act.
Crainte, s. timor, is. m.
Créateur, s. Creator, is. m.

Créer, v. cre-are, o, as, avi, atum. act.
Crime, s. scel-us, eris. n.
Croire, v. cred-ere, o, idi, itum. act.
Cueillir, v. leg-ere, o, i, ectum. act.
Cultiver, v. col-ere, o, ui, cultum. act.
Curieux, se, adj. curios-us, a, um.
Cybèle, n. p. Cybel-e, es. f.

D.

Danger, s. pericul-um, i. n.
Dans, prép. in. abl. et acc.
Désireux, adj. cupid-us, a, um.
Devenir, v. fi-eri, o, factus sum. n. pass.
Devoir, v. deb-ere, eo, ui, itum. act.
Devoir, s. pens-um, i. n.
Différent, e. adj. dissimil-is, is, e.
Difficile, adj. difficil-is, is, e.
Digne, adj. dign-us, a, um.
Dîner, v. prand-ere, eo, di, sum. n.
Disciple, s. discipul-us, i. m.
Docile, adj. docil-is, is, e.
Doigt, s. digit-us, i. m.
Donner, v. d-are, o, dedi, atum. act.
Dormir, v. dorm-ire, io, ivi, itum. n.
Douceur, s. suavita-s, tis. f.
Doute (sans). sine dubio.
Doux, ce. adj. dulc-is, is, e. adj.

E.

Eau, s. aqu-a, æ. f.
Ecouter, v. aud-ire, io, ivi, itum. act.
Elève, s. alumn-us, i. m.
Empereur, s. imperator, is. m.
Empire, s. imperi-um, i. n.

Emprunter, *v.* mutu-ari, or, atus sum. *dép. acc.*
Enclin, *adj.* procliv-is, is, e.
Ennemi, *s.* host-is, is. *m.*
Entendre. Voy. Ecouter.
Entreprendre. suscip-ere, io, cepi, eptum. *act.*
Envoyer, *v.* mitt-ere, o, isi, issum. *act.*
Esclave, *s.* vern-a, æ. *m. f.* famul-us, i. *m.*
Esprit. men-s, tis. *f.*
Etonnant, e, *adj.* mir-us, a, um.
Etre, *v.* esse, sum es, fui.
Etude, *v.* studi-um, i. *n.*
Etudier, *s.* stud-ere, eo, es, ui. *dat.*
Exhorter, *v.* hort-ari, or, atus sum. *dep. acc.*
Exemple, *s.* exempl-um, i. *n.*

F

Fable, *s.* fabul-a, æ. *f.*
Face, *s.* faci-es, ei. *f.*
Facile, *adj.* facil-is, is, e.
Faire, *v.* fac-ere, io, feci, actum. *v. act.*
Famille, *s.* famili-a, æ. *f.*
Famine, *s.* fam-es, is. *f.*
Faute, *s.* culp-a, æ. *f.*
Favoriser, *v.* fav-ere, eo, es, vi, autum. *dat.*
Félicité, *s.* felicita-s, tis. *f.*
Femme, *s.* mulie-r, ris. *f.*
Feu, *s.* ign-is, is. *m.*
Fidèle, *adj.* fidel-is, is, e.
Fièvre, *s.* febr-is, is. *f.*
Fille, *s.* nat-a, æ. *f.*
Flambeau, *s.* fa-x, cis. *f.*
Fleur, *s.* flo-s, ris. *m.*
Fleuve, *s.* fluvi-us, i. *m.*
Florissant, e, *adj.* floren-s, tis.
Fontaine, *s.* fon-s, tis. *m.*
Force, *s.* vis, vis. *f.* vires, ium. *f. pl.*
Forêt, *s.* silv-a, æ. *f.*
Forgeron, *s.* fab-er, ri. *m.*

Fortune, *s.* fortun-a, æ. *f.*
Foule, *s.* turb-a, æ. *f.*
France, *s. p.* Galli-a, æ. *f.*
Frein, *s.* fren-um, i. *n.* (*pl.* fren-i, orum. *m. pl.*)
Fréquenter, *v.* frequent-are, o, as, avi, atum. *act.*
Frère, *s.* frat-er, ris. *m.*
Fruit, *s.* fruct-us, ùs. *m.*
Fuir, *v.* fug-ere, io, i, itum. *act.*
Fumée, *s.* fumus, i. *m.*

G

Gage, *s.* pign-us, oris. *n.*
Gaulois(les). *s. p.* Gall-i, orum. *pl. m.*
Gémir, *v.* gem-ere, o, ui, itum. *n.*
Généreux, *adj.* generos-us, a, um.
Globe, *s.* orb-is, is. *m.*
Gloire, *s.* glori-a, æ. *f.*
Goutte, *s.* gutt-a, æ. *f.*
Grand, e, *adj.* magn-us, a, um.
Grave, *adj.* grav-is, is, e.
Grêle, *s.* grand-o, inis. *f.*
Guerre, *s.* bell-um, i. *n.*

H.

Habile, *adj.* perit-us, a, um.
Habitant, *s.* incol-a, æ. *m.*
Haine, *s.* odi-um, i. *n.*
Hector, *s. p.* Hector, is. *m.*
Héroïque, *adj.* heroïc-us, a, um.
Heure, *s.* hor-a, æ. *f.*
Heureux, se. *adj.* feli-x, cis.
Histoire, *s.* histori-a, æ. *f.*
Homme, *s.* hom-o, inis. *m.*
Honteux, se. *adj.* turp-is, is, e.
Horace, *n. p.* Horati-us, i. *m.*

I.

Ile, *s.* insul-a, æ. *f.*
Illustre, *adj.* illustr-is, is, e.

VOCABULAIRE.

Imiter, v. imit-ari, or, atus sum.
Indigne, adj. indign-us, a, um.
Indocile, adj. indocil-is, is, e.
Indulgence, s. indulgenti-a, æ. f.
Indulgent, e, adj. indulgen-s, tis.
Inépuisable, adj. perenn-is, is, e.
Infortuné, adj. miser, a, um.
Ingrat, e, adj. ingrat-us, a, um.
Inhumain, e, adj. fer-us, a, um.
Injure, s. injuri-a, æ. f.
Instant, s. moment-um, i. n.
Italie, s. p. Itali-a, æ. f.

J.

Jamais. adv. nunquàm.
Jardin, s. hort-us, i. m.
Jeu, s. lud-us, i. m.
Jouer, v. lud-ere, o, si, sum. n. et act.
Joyeux, se. adj. hilar-is, is, e.
Juger, v. judic-are, o, avi, atum. act.
Juge, s. jud-ex, icis, m.
Jules, n. p. Juli-us, i. m.

L.

Laborieux, se. adj. laborios-us, a, um.
Laurier, s. laur-us, i. f.
Leçon, s. lectio, nis. f.
Lettre, s. epistol-a, æ. f.
Livre, s. lib-er, ri. m.
Loi, s. le-x, gis. f.
Long, ue, adj. long-us, a, um.
Lorsque, conj. cùm.
Loup, s. lup-us, i. m.
Lumière, s. lum-en, inis. n.
Lune, s. lun-a. æ. f.
Lyon, s. p. Lugdun-um, i. n.

M.

Macédonien, s. p. Macedo, nis. m.

Maintenant, adv. nunc.
Mais, conj. sed.
Maison, s. dom-us, ûs. f.
Maitre, s. magist-er, ri. m.
Malade, adj. æg-er, ra, um.
Malheureux, se, adj. infeli-x, cis.
Matelot, s. naut-a, æ. m.
Méchant, e, adj. mal-us, a, um.
Médiocrité, s. mediocrita-s, tis. f.
Méditer, v. medit-ari, or, atus sum. dép. act.
Membre, s. membr-um, i. n.
Menace, s. min-æ, arum. pl. f.
Mentir, v. ment-iri, ior, itus sum. n.
Mère, s. mat-er, ris. f.
Messager, s. nunci-us, i. m.
Mesurer, v. meti-or, ris, mensus sum. dép. acc.
Misère, s. miseri-a, æ. f.
Moderne, adj. recen-s, tis.
Moins, adv. minus.
Mollesse, s. molliti-es, ei. f.
Moment, s. moment-um, i. n.
Monde, s. mund-us. i. m.
Monstre, s. monstr-um, i. n.
Montagne, s. mon-s, tis. m.
Monument, s. monument-um, i. n.
Mort, s. mor-s, tis. f.
Mort, e, adj. mortu-us, a, um.
Mot, s. verb-um, i. n.
Moyen, s. ratio, nis. f.
Multitude, s. turb-a, æ. f.
Mur, s. parie-s, tis. f.

N.

Nation, s. gen-s, tis. f.
Nécessité, s. necessita-s, tis. f.
Nocturne, adj. nocturnu-s, a, um.
Nœud, s. nod-us, i. m.
Négliger, v. neglig-ere, o, exi, ectum. act.

Nourrir (se). vesc-i, or. dép. irr. *ab*.

O.

Occasion, s. occasio, nis. f.
Oncle, s. avuncul-us, i. m.
Opposé, adj. contrari-us, a, um.
Orateur, s. orato-r, ris. m.
Orphelin, s. orb-us, a, um. adj.
Osier, s. vim-en, inis. n.

P.

Paisible, adj. placid-us, a, um.
Pallas, n. p. Palla-s, dis. f.
Palmier, s. palm-a, æ. f.
Paon, s. pavo, nis. m.
Parcourir, v. peragr-are, o, avi, atum. act.
Pardonner, v. ignosc-ere, co, vi. n. dat.
Parent, s. paren-s, tis.
Paresse, s. pigriti-a, æ. f.
Parfait, e, adj. perfect-us, a, um.
Parler, v. loqu-i, uor, locutus sum. dép.
Parricide, s. parricid-a, æ. m.
Partie, s. par-s, tis. f.
Passion, s. libido, inis. f.
Patrie, s. patri-a, æ. f.
Paupières, s. pl. palpebr-æ, arum. f.
Pauvre, adj. pauper, is. m. et f.
Pécher, v. pecc-are, o, avi, atum. n.
Penser, v. put-are, o, avi, atum. act.
Père, s. pat-er, ris. m.
Persée, n. p. Perse-us, i. m.
Peuple, s. popul-us, i. m.
Phrase, s. phras-is, is. f.
Pirate, s. pirat-a, æ. m.
Place, s. for-um, i. n.
Plante, s. plant-a, æ. f.
Plein, e, adj. plen-us, a, um.

Pluie, s. pluvi-a, æ. f.
Pô, n. p. Eridan-us, i. m.
Poète, s. poet-a, æ. m.
Port, s. port-us, ûs. m.
Porté (à), adj. propens-us, a, um. ad. acc.
Portefaix, s. bajul-us, i. m.
Pour, prép. pro. abl. ad. acc.
Pouvoir, s. potesta-s, tis. f.
Pratique, s. us-us, ûs. m.
Précepteur, s. preceptor, is. m.
Précieusement, adv. pretiosè.
Précieux, adj. pretiosus, a, um.
Prêtre, s. sacerdo-s, tis. m.
Prince, s. princ-eps, ipis. m.
Printemps, s. ver, is. n.
Privation, s. privatio, nis. f.
Prix, s. preti-um, i. n.
Production, s. productio, nis. f.
Professeur, s. professor, is. m.
Profond, e, adj. alt-us, a, um.
Protecteur, s. protector, is. m.
Protéger, v. tu-eri, eor, itus sum. d. acc.
Prudent, e, adj. pruden-s, tis.

R.

Raison, s. ratio, nis. f.
Rapide, adj. rapid-us, a, um.
Râteau, s. rastr-um, i. n. rastri, rastrorum, m. pl.
Recevoir, v. accip-ere, io, epi, eptum. act.
Recherche, s. inquisitio, nis. f.
Réciter, v. recit-are, o, avi, atum. act.
Récolter, v. collig-ere, o, egi, ectum. act.
Récompenser, v. remuner-are, o, avi, atum. act.
Refuser, v. neg-are, o, avi, atum. act.
Règle, s. norm-a, æ. f.

Réjouir (se), v. gaud-ere, eo, gavisus sum. *abl.*
Remords, *s.* stimuli, orum. *m. pl.*
Réprimer, *v.* reprim-ere, o, press-i, essum. *act.*
République, *s.* respublica, reipublicæ. *f.*
Résolution, *s.* consili-um, i. *n.*
Résultat, *s.* event-us, ûs. *n.*
Rétablir, *v.* restitu-ere, o, ui, tum. *ac.*
Retour (de). redu-x, cis. *adj.*
Revenir, *v.* red-ire, eo, ivi, itum. *n. ab.*
Rhéteur, *s.* rheto-r, ris. *m.*
Rhétorique, *s.* rhetoric-e, es, *f.*
Riche, *adj.* div-es, itis.
Rocher, *s.* sax-um, i. *n.*
Roi, *s.* re-x, gis. *m.*
Rome, *s. p.* Rom-a, æ. *f.*
Rossignol, *s.* luscini-a, æ. *f.*
Roue, *s.* rot-a, æ. *f.*
Royal, *adj.* regi-us, a, um.
Royaume, *s.* regn-um, i. *n.*
Ruisseau, *s.* riv-us, i. *m.*

S.

Sage, *adj.* sapien-s, tis.
Sagesse, *s.* sapienti-a, æ. *f.*
Saint, e, *adj.* sanct-us, a, um.
Saison, *s.* temp-us, oris. *n.*
Salutaire, *adj.* salutar-is, is, e.
Sang, *s.* sangui-s, nis. *m.*
Santé, *s.* valetud-o, inis. *f.*
Sauvages, *s.* silvicol-æ, arum. *m. pl.*
Sauveur, salvator, is. *m.*
Science, *s.* scienti-a, æ. *f.*
Secourir, *v.* opitul-ari, or, atus sum. *dép. dat.*
Secours, *s.* auxili-um, i. *n.*
Secret, e, *adj.* intim-us, a, um.
Semblable, *adj.* simil-is, is, e.
Sentiment, *s.* sens-us, ûs. *m.*
Serment, *s.* jurament-um, i. *n.*

Servante, *s.* famul-a, æ. *f.*
Serviette, *s.* mantil-e, is. *n.*
Sœur, *s.* soror, is. *f.*
Sol, *s.* sol-um, i. *n.*
Soldat, *s.* mil-es, itis. *n.*
Soleil, *s.* sol, is. *m.*
Sort, *s.* sor-s, tis. *f.*
Souffrir, *v.* pati, or, assus sum. *d. ac.*
Souper, *v.* cœn-are, o, avi, atum. *n.*
Souvent. sæpè. *adv.*
Syracuse. Syracus-æ, arum. *f. pl.*

T.

Tâche, *s.* pens-um, i. *n.*
Tante, *s.* amit-a, æ. *f.*
Témoin, *s.* test-is, is. *m.*
Temple, *s.* fan-um, i. *n.*
Temps, *s.* temp-us, oris. *n.*
Thême, *s.* thema, tis. *n.*
Tiare, *s.* tiar-as, æ. *f.*
Tourment, *s.* cruciat-us, ûs. *m.*
Tout, e, *adj.* omn-is, is, e.
Travail, *s.* labor, is. *m.*
Tribu, *s.* tri-bus, bûs. *f.*
Triste, *adj.* trist-is, is, e.
Troupeau, *s.* gre-x, gis. *m.*
Trouver, *v.* inven-ire, io, is, i, tum. *act.*

V.

Vase, *s.* vas, is, *n.* (pl. vas-a. orum.)
Vénérable, *adj.* venerand-u, a, um.
Venir, *v.* ven-ire, io, i, tum. *n.*
Versailles, *n. p.* Versali-æ, arum. *pl.*
Vertu, *s.* virtu-s, tis. *f.*
Vertueux, *adj.* prædit-us, a, um, virtute.
Victime, *s.* hosti-a, æ. *f.*
Vie, *s.* vit-a, æ. *f.*

VOCABULAIRE.

Vieillard, s. senex, senis. m.
Ville, s. urb-s, is. f.
Voler, v. fur-ari, or, atus sum.
Volonté, s. volunta-s, tis. f.

Voûte, s. camer-a, æ. f.
Voyager, s. peregrin-ari, or, atus sum. n.
Voyageur, s. viator, is. m.

FIN.

VOCABULAIRE,

LATIN-FRANÇAIS,

Des mots contenus dans les VERSIONS DU RUDIMENT.

A

A, ab, *prép. par, de, du, des.*
Ab-ire, eo, ivi, itum. *s'en aller.*
Abraham-us, i. *m. Abraham.*
Accip-ere, io, epi, eptum. *v. act. recevoir.*
Acerb-us, a, um. *adj. acerbe, dur.*
Acerv-us, i. *m. monceau.*
Ad, *prép.; à, auprès, pour.*
Adam-us, i. *m. Adam.*
Add-ere, o, idi, itum. *act. ajouter.*
Adolescen-s, tis. *m. jeune.*
Adul-ari, or, atus sum. *dép. flatter.*
Æg-er, ra, rum. *adj. malade.*
Æsta-s, tis. *f. été.*
Ætern-us, a, um. *adj. éternel, le.*
Ag-er, ri. *m. champ.*
Aggredi, or, ssus sum. *dép. attaquer.*
Agm-en, inis. *n. bataillon.*
Ægypt-us, i. *m. Egypte.*
Alb-us, a, um, *blanc, che.*
Algor, is. *m. froid.*
Aliment-um, i. *n. aliment.*
Aln-us, i. *f. aulne.*
Amic-us, i. *m. ami.*
Amœn-us, a, um. *adj. agréable.*
Al-a, æ. *f. aile.*
Andre-as, æ. *m. André.*
Anim-a, æ. *f. âme.*
Animal, is. *n. animal.*
Annon-a, æ. *f. vivres; provisions.*
Ann-us, i. *m. année.*

A

Ante, *prép. avant. acc.*
Antoni-us, i. *m. Antoine.*
Antiqu-us, a, um. *adj. ancien, ne.*
Apt-us, a, um. *adj. apte.*
Aquil-a, æ. *f. aigle.*
Aquilo, nis. *m. aquilon.*
Ar-are, o, as, avi, atum. *ac. labourer.*
Arator, is. *m. laboureur.*
Arbor, is. *f. arbre.*
Arca-s, dis. *m. Arcadien.*
Arc-us, ûs. *m. arc.*
Aren-a, æ. *f. sable.*
Ar-s, tis. *f. art.*
Asin-us, i. *m. âne.*
Asper, a, um, *rude.*
Athen-æ, arum. *pl. Athènes.*
Attente, *adv. attentivement.*
Auctor, is. *m. auteur.*
Aud-ire, o, ivi, itum, *act. écouter.*
Aurig-a, æ. *cocher. m.*
Aur-um, i. *n. or, métal.*
Aut, *conj. ou.*
Autem, *conj. mais, or.*

B.

Bacul-us, i. *m. bâton.*
Bajul-us, i. *m. porte-faix.*
Balne-um, i. *n.; balne-æ, arum, f. pl. bain.*
Bas-is, is. *f. base.*
Beat-us, a, um. *adj. heureux, se.*
Bland-us, a, um. *adj. caressant, e.*
Bon-us, a, um. *adj. bon, ne.*
Bore-as, æ. *f. bise.*

Brevi, *adv. bientôt.*
Brev-is, is, e, *adj. court, e.*

C.

Calca-r, is. *n. éperon.*
Camer-a, æ. *f. voûte.*
Can-is, is. *m. chien.*
Cant-are, o, avi, atum. *act. chanter.*
Cant-us, ûs. *m. chant.*
Capell-a, æ. *f. chèvre.*
Cap-io, is, cepi, captum, *prendre.*
Captiv-us, a, um. *adj. captif, ve.*
Canc-er, ri. *chancre. m.*
Carm-en, inis. *n. chant.*
Car-us, a, um, *chéri.*
Castig-are, o, avi, atum. *châtier.*
Cast-us, a, um, *chaste.*
Caten-a, æ. *f. chaîne.*
Caus-a, æ. *f. cause.*
Celeb-er, ris, e, *adj. célèbre.*
Cert-us, a, um. *adj. certain, e.*
Cerv-us, i. *m. cerf.*
Cib-us, i. *m. aliment.*
Cin-is, is. *m. cendre.*
Civ-is, is. *m. citoyen.*
Clad-es, is. *f. défaite.*
Clam-are, o, avi, atum, *act. crier.*
Clar-us, a, um, *adj. illustre.*
Clien-s, tis. *adj. client; protégé.*
Cæd-es, is. *f. carnage.*
Cœl-um, i. *n.* (*pl.* cœli, cœlorum. *m.*) *ciel.*
Cœna, æ. *f. souper.*
Cognosc-ere, o, ovi, itum, *act. connaître.*
Cog-ere, o, egi, actum, *forcer.*
Col-ere, o, ui, cultum, *pratiquer.*
Coll-is, is. *m. colline.*
Com-is, e, is, *adj. poli, e.*
Consili-um, i. *n. conseil; projet.*
Constan-s, tis. *adj. constant, e.*
Consuetud-o, inis. *f. habitude.*
Content-us, a, um. *adj. content, ab.*

Contrari-us, a, um. *adj. opposé.*
Copul-a, æ. *f. lien.*
Curs-us, ûs. *m. cours; course.*
Conviv-a, æ. *f. convive.*
Crater, is. *m. coupe.*
Creb-er, ris, e, *adj. fréquent, e.*
Cred-ere, o, idi, itum. *v. act. croire.*
Crimen, inis. *n. crime.*
Crudelita-s, tis. *f. cruauté.*
Culp-a, æ. *f. faute.*
Cult-er, ri. *m. couteau.*
Cun-æ, arum. *f. pl. berceau.*
Cupidita-s, tis. *f. désir.*
Cur-a, æ. *f. soin.*
Curr-us, ûs. *m. char.*

D.

D-are, o, dedi, atum. *v. act. donner.*
David, is. *m. David.*
Deb-ere, eo, ui, itum, *v. act. devoir.*
Decip-ere, io, cepi, eptum, *transporter.*
Defend-ere, o, di, sum, *act. défendre.*
Degener, is. *adj. qui dégénère.*
Delici-æ, arum. *s. pl. délices.*
Dens-us, a, um, *épais, se.*
Desideri-um, i. *n. désir.*
Dexter, a, um, *adj. adroit, e.*
Dign-us, a, um, *adj. digne.*
Disc-ere, o, idici, citum, *act. apprendre.*
Discipul-us, i. *m. élève.*
Dolor, is. *m. douleur.*
Dorm-ire, io, ivi, itum, *n. dormir.*
Dubi-us, a, um, *adj. incertain, e.*
Du-x, cis. *m. chef; général.*

E.

Edisc-ere, edisco, scitum, *act. apprendre.*
Em-ere, o, psi, ptum, *act. acheter.*
Esop-us, i. *m. Ésope.*

VOCABULAIRE.

Esse, sum, es, fui, v. être.
Exempl-um, i. n. exemple.

F.

Fab-er, ri. m. forgeron.
Fabul-a, æ. f. fable.
Fact-um, i. n. action.
Facund-us, a, um, adj. éloquent, e.
Fall-ere, o, fefelli, alsum, act. tromper.
Fam-a, æ. f. réputation.
Famul-us, i. m. serviteur.
Fav-ere, eo, i, autum, n. favoriser.
Felicita-s, tis. f. bonheur.
Fer-ire, io, frapper.
Fero-x, cis, furieux, se.
Ferre, fero, fers, tuli, latum, porter.
Fer-us, a, um, adj. barbare.
Flamm-a, æ. f. flambeau.
Flo-s, ris. m. fleur.
Fœd-us, eris. n. alliance.
Foli-um, i. n. feuille.
Fon-s, tis. m. fontaine.
Form-a, æ. f. forme.
Formidand-us, a, um, redoutable.
Fortun-a, æ. f. fortune.
Fug-ere, io, i, itum, act. fuir.
Fur-ari, or, atus sum, voler.
Frat-er, ris. m. frère.
Fren-um, i. n. frein; freni, orum. m. pl.
Fruct-us, ûs. m. fruit.
Frument-um, i. n. blé.

G.

Galli-a, æ. f. France.
Gall-us, i. m. coq.
Garr-ire, io, is, v. n. babiller.
Gaudi-um, i. n. joie.
Gelu, indécl. au sing. gelée.
Gen-s, tis. f. nation,
Gladi-us, i. m. glaive.
Glori-a, æ. f. gloire.
Glorios-us, a, um, glorieux, se.

Grand-o, inis. f. grêle.
Grat-us, a, um, reconnaissant, e.
Grav-is, is, e. adj. lourd, e.
Græc-us, a, um. adj. grec, que.
Gutt-a, æ. f. goutte.

H.

Herb a, æ. f. herbe.
Hirsut-us, a, um, hérissé.
Histori-a, æ. f. histoire.
Hom-o, inis. m. homme.
Honor, is. m. honneur.
Horati-us, i. m. Horace.
Hort-us, i. m. jardin.
Host-is, is. ennemi.

I.

Idone-us, a, um, propre à.
Imag-o, inis. f. image.
Imperator, is. m. empereur.
In, prép. dans; sur.
Inclyt-us, a, um, adj. célèbre.
Incol-a, æ. m. habitant.
Incœpt-um, i. n. entreprise.
Incurat-us, a, um, adj. négligé.
Indulg-ere, eo, si, tum, n. dat. s'abandonner.
Infortuni um, i. n. malheur.
Injuri-a, æ. f. injure.
Inserv-ire, io, ii. v. être utile.
Interfic-ere, is, eci, ectum, act. tuer.
Interpret-ari, or, atus sum, expliquer.
Ire, eo, is, ivi, itum, n. aller.
Itali-a, æ. f. Italie.

J.

Joseph-us, i. m. Joseph.
Jub-ere, eo, ssi, ssum, act. ordonner.
Jucund-us, a, um, agréable.
Jud-ex, icis. m. juge.
Juv-are, o, i, tum, n. aider.
Juvenc-a, æ. f. génisse.
Juvenis, is. m. jeune homme.

L.

Labor-are, o, avi, atum, *v. act.* travailler.
Latro, nis. *m.* voleur.
Læt-ari, or, atus sum, *dép.* se réjouir.
Lætiti-a, æ. *f.* joie.
Læt-us, a, um, *adj.* joyeux.
Lau-s, dis. *f.* louange.
Leo, nis. *m.* lion.
Lev-are, o, as, avi, atum, *act.* soulager.
Le-x, gis. *f.* loi.
Liber, a, um, *adj.* libre.
Lib-er, ri. *m.* livre.
Libert-a, æ. *f.* affranchie.
Lign-um, i. *n.* bois.
Litt-us, oris. *n.* rivage.
Long-us, a, um, *adj.* long, ue.
Lucret-ia, æ. *f.* Lucrèce.
Lun-a, æ. *f.* lune.
Lup-us, i. *m.* loup.
Luteti-a, æ. *f.* Paris.

M.

Macedo, nis. *m.* Macédonien.
Macul-a, æ. *f.* tache.
Magis, *adv.* plus.
Magist-er, ri. *m.* maître.
Magnitud-o, inis. *f.* grandeur.
Magn-us, a, um, *adj.* grand, e.
Mal-um, i. *n.* mal.
Mal-us, a, um, *adj.* mauvais.
Mancipi-um, i. *n.* esclave.
Mandat-um, i. *n.* ordre.
Mantil-e, is. *n.* serviette.
Massili-a, æ. *f.* Marseille.
Mat-er, ris. *f.* mère.
Maximè, *adv.* très; beaucoup.
Medit-ari, or, atus sum, *dép.* méditer.
Membr-um, i. *n.* membre.
Mendaci-um, i. *n.* mensonge.
Men s, tis. *f.* esprit.
Merce-s, dis. *f.* récompense.
Met-us, ûs. *m.* crainte.
Mil-es, itis. *m.* soldat.
Minist-er, ri. *m.* ministre.

Min-æ, arum. *p. f.* menaces.
Mirabil-is, is, e, *adj.* admirable.
Mir-us, a, um, *adj.* étonnant, e.
Miser, a, um, *adj.* misérable.
Mitis, is, e, *adj.* doux, ce.
Mitt-ere, o, is, isi, issum, *act.* envoyer.
Modul-ari, or, atus sum, moduler.
Mœror, is. *m.* chagrin.
Mon-s, tis. *m.* montagne.
Monstr-um, i. *n.* monstre.
Monument-um, i. *n.* monument.
Mor-ari, or, atus sum, *dép.* tarder.
Morb-us, i. *m.* maladie.
Mori, or, tuus sum, mourir.
Morphe-us, ei. Morphée.
Mor-s, tis. *f.* mort.
Mult-i, æ, a. *pl.* nombreux, ses.
Mund-us, i. *m.* monde.
Munit-us, a, um, fortifié.
Mun-us, eris. *n.* charge.
Mussit-are, o, avi, atum, *n.* parler bas.
Mut-are, o, avi, atum, *act.* changer.

N.

Narr-are, o, avi, atum. *act.* raconter.
Nasc-i, or, atus sum, *dép.* naître.
Neglig-ere, o, glexi, *act.* ectum, négliger.
Nero, nis. *s. p.* Néron.
Nid-us, i. *nid. m.*
Nig-er, ra, rum, *adj.* noir, e.
Ni-x, vis. *f.* neige.
Noc-ere, eo, ui, itum, *n. dat.* nuire.
Norm-a, æ. *f.* règle.
Nov-us, a, um, *adj.* nouveau, velle.
No-x, ctis. *f.* nuit.
Num-en, inis. *n.* divinité.
Nundin-æ, arum, marché.
Nunquam, *adv.* jamais.
Nunti-are, o, as, avi, atum, *act.* annoncer.
Nunti-um, i. *n.* nouvelle.

VOCABULAIRE.

O.

Odios-us, a, um, *adj. odieux, se.*
Odor, is. *m. odeur.*
Op-us, eris. *n. travail.*
Orb-us, a, um, *adj. privé.*
Orph-eus, ei. *m. Orphée.*
Oti-ari, or, *se reposer.*
Oti-um, i. *n. repos.*
Ov-is, is. *f. brebis.*

P.

Pag-us, i. *m. bourg.*
Palladi-um, i. *n. sauve-garde.*
Palla-s, dis. *f. Pallas.*
Palm-a, æ. *f. palmier.*
Palpebr-æ, arum, *f. pl. paupières.*
Pan, os. *m. Pan.*
Panther-a, æ. *f. panthère.*
Paradis-us, i. *m. paradis.*
Parat-us, a, um, *adj. préparé.*
Paren-s, tis, *parent.*
Parricid-a, æ. *m. parricide.*
Parùm, *peu.*
Pastor, is. *m. berger.*
Pat-er, ris. *m. père.*
Patien-s, tis, *souffrant.*
Patriarch-a, æ. *m. patriarche.*
Pelid-es, æ. *m. fils de Pelée,* Achille.
Perfect-us, a, um, *adj. parfait, e.*
Periculos-us, a, um, *adj. dangereux.*
Perit-us, a, um, *adj. habile.*
Perse-us, ei. *m. Persée.*
Pervicacita-s, tis. *f. opiniâtreté.*
Pe-s, dis. *m. pied.*
Pet-ere, o, ivi, itum, *act. demander.*
Phædr-us, i. *m. Phèdre.*
Pig-er, ra, um, *adj. paresseux, se.*
Pigriti-a, æ. *f. paresse.*
Pirat-a, æ. *m. pirate.*
Plac-are, o, avi, atum, *act. apaiser.*
Placidè, *adv. paisiblement.*
Plant-a, æ. *f. plante.*
Poet-a, æ. *m. poëte.*

Popul-us, i. *m. peuple.*
Port-us, ûs. *m. port.*
Poten-s, tis, *puissant, e.*
Potesta-s, tis. *f. pouvoir.*
Princ-eps, ipis. *m. prince.*
Principi-um, i. *n. commencement.*
Procliv-is, is, e, *adj. enclin.*
Proditor, is. *m. traître.*
Prœmi-um, i. *n. récompense.*
Proficisc-i, or, ectus sum, *dép. partir.*
Prol-es, is. *f. race.*
Pron-us, a, um, *adj. porté à.*
Prophet-a, æ. *m. prophète.*
Prosper, a, um, *adj. heureux, se.*
Providenti-a, æ. *f. providence.*
Pudor, is. *m. pudeur.*
Pugn-are, o, avi, atum, *act. combattre.*
Pulv-is, eris. *m. poussière.*
Pur-us, a, um, *adj. pur, e.*
Pute-us, i. *m. puits.*

Q.

Querc-us, ûs. *f. chêne.*

R.

Ran-a, æ. *f. grenouille.*
Ratio, nis. *f. raison.*
Record-ari, or, atus sum, *act. se souvenir.*
Reg-ere, o, rexi, ectum, *act. régir.*
Regio, nis. *f. contrée.*
Regn-are, o, as, avi, atum, *régner.*
Regn-um, i. *n. royaume.*
Remitt-ere, o, isi, issum, *act. renvoyer.*
Reprim-ere, o, is, pressi, essum, *act. réprimer.*
Res, rei. *f. la chose.*
Rescrib-ere, bo, psi, ptum, *act. répondre.*
Re-x, gis. *m. roi.*
Rhetor, is. *m. rhéteur.*
Ridicul-us, a, um. *adj. ridicule.*

VOCABULAIRE.

Robust-us, a, um, *robuste.*
Roman-us, i, *m. Romain.*
Rot-a, æ, *f. roue.*
Rumor, as. *m. bruit.*
Ru-s, ris. *n. campagne.*

S.

Sac-er, ra, um, *adj. sacré.*
Sali-x, cis. *f. saule.*
Salt-us, ûs. *m. bois.*
Salvator, is. *m. sauveur.*
San-are, o, avi, atum, *act. guérir.*
Sanct-us, a, um, *saint, e.*
Sangui-s, nis. *m. sang.*
Sanita-s, tis. *f. santé.*
San-us, a, um, *adj. sain, e.*
Satur, a, um, *adj. rassasié.*
Scel-us, eris. *n. crime.*
Scipio, nis. *m. Scipion.*
Second-are, o, avi, atum, *favoriser.*
Semper, *adv. toujours.*
Sen-ex, is. *m. vieillard.*
Sequ-i, or, cutus sum, *suivre.*
Serv-ire, io, *servir n.*
Simil-is, is, e, *semblable.*
Sinist-er, ra, um. *adj. gauche.*
Sæpè, *adv. souvent.*
Soror, is. *f. sœur.*
Spect-are, o, avi, atum, *act. considérer.*
Spec-us, ûs. *m. caverne.*
Spirit-us, ûs. *m. esprit.*
Spoli-are, o, avi, atum, *depouiller.*
Statu-ere, uo, ui, utum, *résoudre.*
Stud-ere, eo, ui, *étudier.*
Summ-us, a, um, *élevé.*
Sylv-a, æ. *f. forêt.*
Syracus-æ, arum, *f. pl. Syracuse.*

T.

Taur-us, i. *m. taureau.*
Tel-um, i. *n. arme.*
Temp-us, oris. *n. temps.*
Tenebr-æ, arum. *f. pl. ténèbres.*
Tener, a, um. *adj. tendre.*
Therm-æ, arum. *f. pl. bains.*
Timor, is. *m. crainte.*
Tu-eri, eor, uitus sum, *p otéger. dép. acc.*
Turp-is, is, e. *adj. honteux, se.*

U.

Urb-s, is. *f. ville.*
Utilis, is, e. *adj. utile.*

V.

Vacc-a, æ. *f. vache.*
Van-us, a, um, *vain.*
Vas, is. *n. vase*, (vasa, vasorum.)
Vectigal, is. *n. impôt.*
Vener-ari, or, atus sum, *dép. respecter.*
Verita-s, tis. *f. vérité.*
Versali-æ, arum, *f. Versailles.*
Vi-a, æ. *f. chemin.*
Viator, is. *m. voyageur.*
Victori-a, æ. *f. victoire.*
Vid-ere, eo, di, sum, *act. voir.*
Vinc-ere, co, vici, victum, *act. vaincre.*
Vir, i. *m. homme.*
Virg-o, inis. *f. vierge.*
Virtu-s, tis. *f. vertu.*
Vit-a, æ. *f. vie.*
Viti-um, i. *n. vice.*
Volunta-s, tis. *f. volonté.*

FIN.

80	75	72	68	64	60
85	707	504	301	98	95
90	38	36	34	132	930
95	69	68	67	66	65
	800	600	400	200	63000
5	31	32	33	34	35
10	62	64	66	68	70
15	93	95	99	302	105
20	924	728	532	36	40
25	55	60	65	70	75
30	86	92	98	404	210
35	56017	824	631	38	45
40	48	56	64	72	80
45	79	88	97	506	315
50	110	920	730	40	50

90

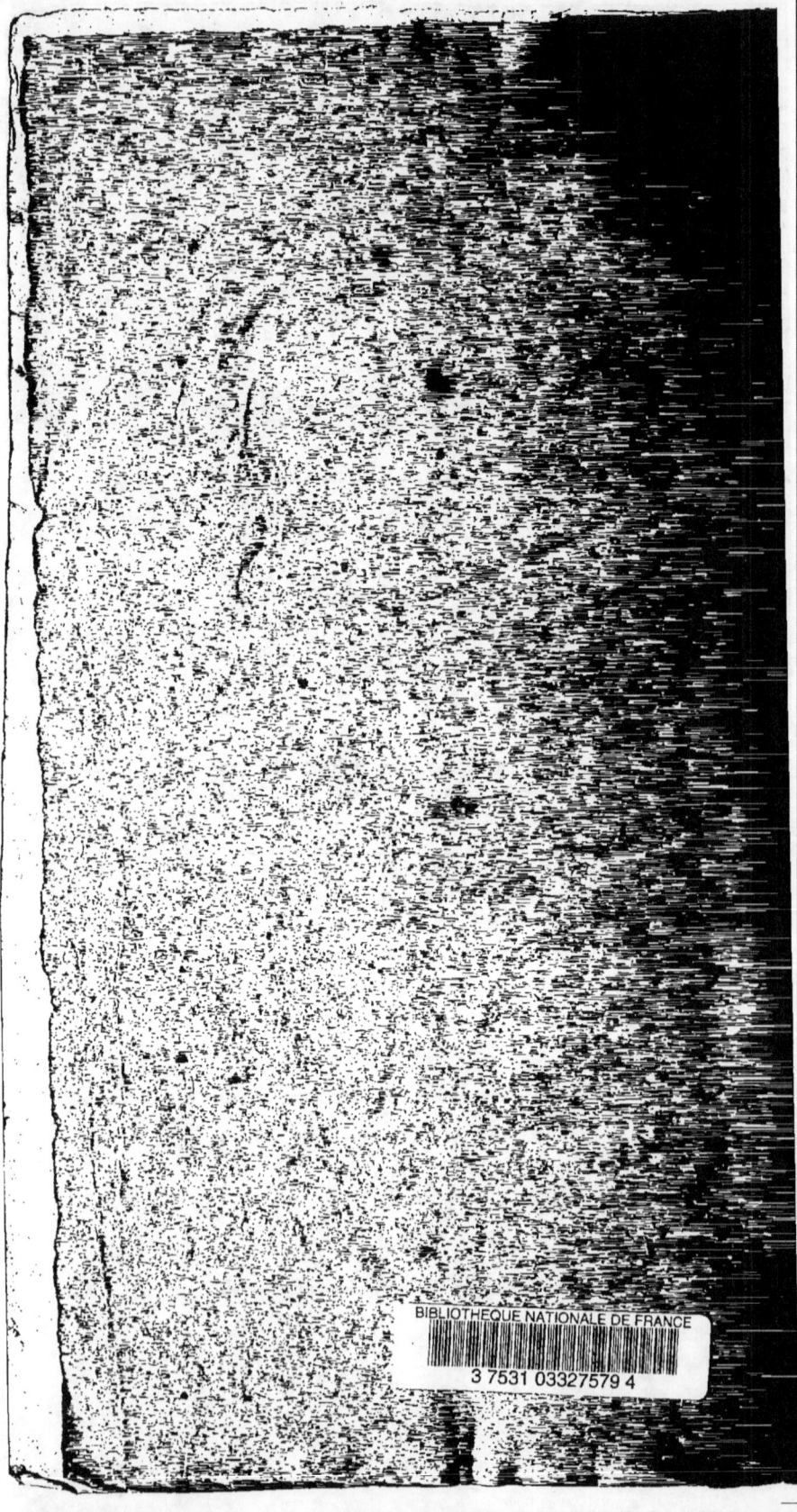

www.ingramcontent.com/pod-product-compliance
Lightning Source LLC
LaVergne TN
LVHW050618090426
835512LV00008B/1548